Weihnachten

ZABERT SANDMANN

Es weihnachtet sehr ...

Wenn die Tage immer kürzer werden, der erste Schnee fällt und Kerzenschein die Zimmer hell erleuchtet, ist es endlich wieder so weit: Weihnachten steht vor der Tür. Nun beginnt für viele die schönste Zeit des Jahres. Denn jetzt verbringt man die Tage am liebsten im Kreise der Familie, um gemeinsam das Haus zu dekorieren, Weihnachtsschmuck zu basteln und Plätzchen zu backen. So erlebt man diese Wochen besonders intensiv, und die Erinnerung daran hält eine halbe Ewigkeit. Bei Advent denken wir zum Beispiel gleich an unsere aufgeregten Töchter, die mit glänzenden Augen und roten Bäckchen Teig ausstechen, Kerzen selbst machen und Papiersterne ausschneiden. Besondere Highlights sind auch immer die gemütlichen Treffen mit lieben Freunden – sei es zum Brunch oder zum Kaffee –, bei denen man sich nicht nur gegenseitig mit selbst gemachten Köstlichkeiten verwöhnt, sondern auch einfach nur die entspannte Atmosphäre genießt und das Jahr Revue passieren lässt. Diese Adventstreffen sind mittlerweile schon ein festes Ritual geworden – dann werden auch gern Rezepte und Tipps unter Freundinnen ausgetauscht.

Egal, ob Sie in der Familie eigene Weihnachtstraditionen pflegen oder in diesem Jahr etwas Neues ausprobieren möchten – egal, ob Sie viel oder wenig Zeit für den Weihnachtszauber haben: Machen Sie es sich auf dem Sofa gemütlich und blättern Sie in Ruhe in unserem Buch. Wir sind sicher, es ist auch für Sie das Richtige dabei. Sei es, dass Sie ein ausgefallenes Lebkuchenrezept suchen, eine Anregung fürs Weihnachtsmenü benötigen, Ihren Baum diesmal besonders originell schmücken oder Ihre Geschenke ganz individuell und liebevoll verpacken möchten. Für dieses Buch haben wir unsere besten Ideen gesammelt – und hoffen, dass Sie schon beim Durchblättern in Festtagsstimmung geraten. Unser wichtigster Tipp vorab: Es lohnt sich, Weihnachten rechtzeitig zu planen (siehe auch S. 120/121) – dann kommt erst gar kein Stress auf, und Sie haben mehr Zeit für sich und Ihre Familie.

Viel Spaß beim Backen, Basteln, Einpacken und vielem mehr. Wir wünschen Ihnen von Herzen eine beschauliche Adventszeit und ein frohes, entspanntes Weihnachtsfest

Monika Drexel

Véronique Witzigmann

Inhalt

Plätzchen & Cookies

Auf die Förmchen, fertig, los!

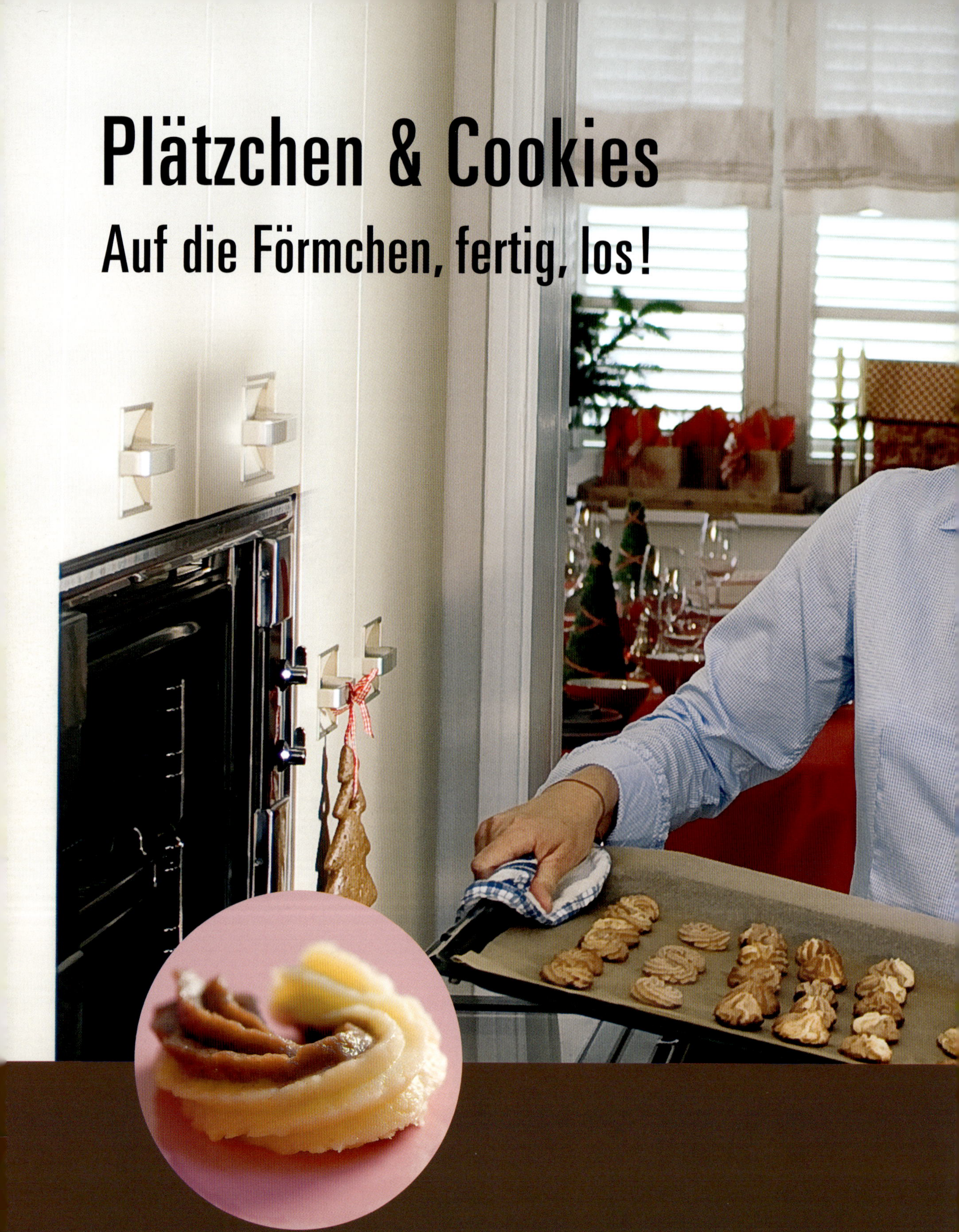

Was wäre die Adventszeit ohne selbst gemachte Plätzchen? Selbst Backmuffel werden dann aktiv, und auch Kindern bereitet es Vergnügen, Butter, Zucker, Mehl und andere gute Zutaten zu einem Teig zu kneten und die Plätzchen in kleine Kunstwerke zu verwandeln.

Süße Rezepte für Naschkatzen

Ob in fantasievolle Formen gespritzt, zu Kugeln gedreht oder fruchtig gefüllt – hier finden Sie für jeden Geschmack das richtige Backwerk

Schwarz-weißes Spritzgebäck

Zutaten für ca. 40 Stück:
100 g Marzipanrohmasse (beste Qualität) · 300 g weiche Butter · 120 g Puderzucker · Salz · Nelkenpulver · abgeriebene Schale von je 1/4 Bio-Zitrone und -Orange · 1 Päckchen Bourbon-Vanillezucker · 2 Eiweiß · 350 g Mehl · 1 geh. EL Kakaopulver · 50 g Zartbitterschokolade (75 % Kakaogehalt)

1 Das Marzipan auf der Gemüsereibe grob in eine Schüssel raspeln. Die Butter hinzufügen und alles mit den Händen zu einer glatten Masse verkneten. Den Puderzucker, je 1 Prise Salz und Nelkenpulver, die Zitronen- und die Orangenschale sowie den Vanillezucker untermischen und die Masse mit den Quirlen des Handrührgeräts schaumig schlagen. Nacheinander die Eiweiße unterrühren und zum Schluss das Mehl mit dem Teigschaber einarbeiten.

2 Den Marzipanteig halbieren. Eine Teighälfte in einer zweiten Schüssel durch ein feines Sieb mit dem Kakaopulver bestäuben und gut verkneten. Den dunklen und den hellen Teig zugedeckt etwa 45 Minuten in den Kühlschrank stellen.

3 Den Backofen auf 180 °C vorheizen. Ein Backblech mit Backpapier auslegen. Von dem hellen und dem dunklen Teig je 1 gleich großes Stück abnehmen und jeweils zu einer etwa 2 cm dicken Rolle formen. Beide Rollen nebeneinander in den Spritzbeutel mit Sterntülle (7 mm Ø) geben. Den Marzipanteig mithilfe des Spritzbeutels halbmond- oder S-förmig auf das Blech spritzen. Im vorgeheizten Ofen auf der mittleren Schiene etwa 8 Minuten backen. Die Plätzchen herausnehmen und auf dem Kuchengitter vollständig abkühlen lassen. Den restlichen Marzipanteig ebenso verarbeiten.

4 Zum Verzieren die Schokolade grob hacken und in einer Metallschüssel im heißen Wasserbad unter Rühren schmelzen. Nach Belieben 1 TL braunen Rum unterrühren und das Spritzgebäck z. B. mit feinen Linien verzieren oder zur Hälfte in die Schokolade tauchen.

Schokoladenkugeln

Zutaten für ca. 60 Stück:
150 g Zartbitterschokolade · 150 g weiche Butter
210 g Puderzucker · 210 g gemahlene Mandeln · 70 g Mehl

1 Den Backofen auf 170 °C vorheizen. Die Schokolade auf einem ofenfesten Teller darin 4 bis 5 Minuten sehr weich werden lassen. Die Butter in eine Schüssel geben, den Puderzucker darübersieben und beides mit den Quirlen des Handrührgeräts glatt rühren. Die weiche Schokolade kurz abkühlen lassen und mit den gemahlenen Mandeln mit dem Teigschaber rasch unter die Buttermasse rühren. Zum Schluss das Mehl unterheben. Den Schokoladenteig zugedeckt etwa 30 Minuten kühl stellen.

2 Ein Backblech mit Backpapier auslegen. Von dem Schokoladenteig kleine Portionen abnehmen, zu Kugeln formen und auf das Blech setzen. Im auf 170 °C vorgeheizten Ofen auf der mittleren Schiene etwa 12 Minuten backen.

Orangenkekse mit kandierten Rosen

Zutaten für 25–30 Stück:
300 g weiche Butter · 250 g Puderzucker (gesiebt) · 4 Eigelb (Zimmertemperatur) · Mark von 1 Vanilleschote · 1 TL abgeriebene Bio-Orangenschale · 4 Tropfen Orangenaroma · 300 g Mehl ca. 150 g Grapefruitmarmelade mit Rosenwasser (Rezept siehe S. 33) oder Aprikosenkonfitüre · 4–5 kandierte Rosenblütenblätter (aus dem Süßwarenladen) · 2–3 EL Orangensaft

1 Am Vortag die Butter und 150 g Puderzucker in einer Schüssel etwa 10 Minuten sehr cremig schlagen. Nach und nach die Eigelbe hinzufügen. Vanillemark, Orangenschale und -aroma dazugeben, das Mehl darübersieben und alles zu einem glatten Teig verrühren. Den Teig halbieren und zu 2 etwa 5 cm dicken Rollen formen. Fest in Frischhaltefolie wickeln und über Nacht (mindestens 5 Stunden) kühl stellen.

2 Den Backofen auf 160 °C (Umluft) vorheizen. Ein Backblech mit Backpapier auslegen. Von den Teigrollen etwa 4 mm dicke Scheiben abschneiden und mit etwas Abstand auf das Blech setzen. Im vorgeheizten Ofen auf der mittleren Schiene etwa 18 Minuten backen, bis die Teigränder leicht gebräunt sind. Die Plätzchen auf dem Kuchengitter abkühlen lassen (Achtung, sie sind noch sehr weich).

3 Die Marmelade in einem Topf leicht erwärmen. Die Plätzchenunterseiten damit bestreichen, je 2 Plätzchen zusammensetzen und kühl stellen. Die kandierten Blütenblätter grob hacken. Den restlichen Puderzucker mit dem Saft zu einem glatten Guss verrühren. Die Plätzchen dünn mit dem Guss überziehen und mit den Rosenblättern verzieren.

Vanillekipferln – Hörnchen erster Klasse

Auf der Hitliste der beliebtesten Weihnachtsplätzchen stehen die mürben Vanillekipferln seit Generationen ganz oben – und das zu Recht ...

Zutaten für ca. 40 Stück:
80 g gemahlene Mandeln · 60 g gemahlene Haselnüsse
400 g weiche Butter · 140 g Zucker · 560 g Mehl
4 Päckchen Bourbon-Vanillezucker · 500 g Puderzucker

Falls Sie ein Fan von echter Vanille sind, ersetzen Sie den Vanillezucker durch das Mark von 2 Vanilleschoten und mischen es unter den Puderzucker. Die Kipferln sollten alle gleich groß sein, damit sie zur gleichen Zeit durchgebacken sind.

1 Die Mandeln und die Haselnüsse in einer beschichteten Pfanne ohne Fett bei schwacher Hitze hell rösten, dabei ständig mit einem Holzkochlöffel rühren, damit die Mischung nicht anbrennt. Aus der Pfanne nehmen und vollständig abkühlen lassen.

2 Inzwischen die Butter in kleine Stücke schneiden und mit dem Zucker und dem Mehl auf der Arbeitsfläche mischen. Die Nussmischung hinzufügen. Alles rasch mit kühlen Händen zu einem Teig verkneten und zu einer Kugel formen. In Frischhaltefolie wickeln und etwa 30 Minuten kühl stellen.

3 Ein Backblech mit Backpapier auslegen. Den Backofen auf 160 °C vorheizen. Den Teig nochmals kurz durchkneten. Von dem Teig kleine Portionen abnehmen, zu Kipferln drehen und auf das Blech setzen. Die Kipferln im vorgeheizten Ofen auf der mittleren Schiene 5 bis 7 Minuten hell backen.

4 Den Vanille- und den Puderzucker mischen und auf einen flachen Teller sieben. Die Kipferln aus dem Ofen nehmen, nur kurz ausdampfen lassen und noch heiß vorsichtig im Vanillezucker wälzen (Achtung, sie brechen sehr leicht!). Die Vanillekipferln vollständig abkühlen lassen.

Engelsflügel mit Nelken und Zimt

Wie im siebten Himmel: Diese verführerischen Plätzchen sind so zart, dass sie fast auf der Zunge zergehen. Ihr Name verspricht wahrlich nicht zu viel

Zutaten für 40–50 Stück:
250 g Mehl · 125 g kalte Butter · 75 g Zucker · 1 Ei · Nelkenpulver · 1/4 TL abgeriebene Bio-Zitronenschale · Mark von 1/4 Vanilleschote · Mehl für die Arbeitsfläche · ca. 125 g Puderzucker · 2–3 TL Zimtpulver

1 Das Mehl auf die Arbeitsfläche häufen. Die Butter in Stücke schneiden und mit dem Zucker, dem Ei, 1 Prise Nelkenpulver, der Zitronenschale und dem Vanillemark zum Mehl geben.

2 Alle Zutaten rasch mit kühlen Händen zu einem Teig verkneten und zu einer Kugel formen. In Frischhaltefolie wickeln und etwa 1 Stunde kühl stellen.

3 Den Backofen auf 180 °C vorheizen. Ein Backblech mit Backpapier auslegen. Den Teig auf der bemehlten Arbeitsfläche etwa 4 mm dick ausrollen und mit Ausstechformen Engelsflügel ausstechen. Auf das Blech setzen und im vorgeheizten Ofen auf der mittleren Schiene etwa 10 Minuten backen.

4 Die Plätzchen herausnehmen und auf dem Kuchengitter auskühlen lassen. Den Puderzucker und den Zimt mischen und die Plätzchen durch ein feines Sieb damit bestäuben.

Kokosbusserln mit Zitrone

Einfach unübertroffen gut: Als Makronen perfekt in Form gebracht, sind die Kokosplätzchen die Lieblinge von kleinen und großen Schleckermäulern

Zutaten für ca. 30 Stück:
3 Eiweiß · Salz · 150 g Puderzucker · 1 TL Bourbon-Vanillezucker etwas abgeriebene Bio-Zitronenschale · 200 g Kokosraspel

1 Den Backofen auf 170 °C vorheizen. Ein Backblech mit Backpapier auslegen. Die Eiweiße in einer Schüssel mit 1 Prise Salz halbsteif schlagen, dann nach und nach den Puderzucker einrieseln lassen und die Masse zu einem cremigen festen Schnee weiterschlagen. Den Vanillezucker und etwas Zitronenschale unterrühren. Zum Schluss die Kokosraspel mit dem Teigschaber vorsichtig unter den Schnee heben.

2 Von der Kokosmasse mit zwei Teelöffeln kleine Portionen abnehmen und als Häufchen auf das Blech setzen. Im vorgeheizten Ofen auf der mittleren Schiene 13 bis 14 Minuten hell backen. Die Kokosbusserln aus dem Ofen nehmen und vollständig abkühlen lassen. Die Plätzchen in einem Plastikbehälter mit Deckel aufbewahren, damit sie weich bleiben.

Zutaten für ca. 25 Stück:
250 g weiche Butter · 175 g Mehl · 175 g doppelgriffiges Mehl (Wiener Griessler) · 60 g Zucker · 3 Eier · 200 g Puderzucker Salz · ca. 150 g Aprikosenkonfitüre

1 Die Butter in kleine Stücke schneiden. Beide Mehlsorten mit der Butter und dem Zucker auf die Arbeitsfläche häufen. Die Eier trennen und die Eigelbe zum Mehl geben, die Eiweiße zugedeckt kühl stellen. Alle Zutaten auf der Arbeitsfläche rasch mit kühlen Händen zu einem glatten Teig verkneten und zu einer Kugel formen. In Frischhaltefolie wickeln und 2 bis 3 Stunden kühl stellen.

2 Den Puderzucker sieben. Die Eiweiße mit 1 Prise Salz halbsteif schlagen, dann nach und nach den Puderzucker einrieseln lassen und die Masse zu einem cremigen festen Schnee weiterschlagen.

3 Den Teig aus dem Kühlschrank nehmen, halbieren und eine Hälfte zwischen zwei Lagen Frischhaltefolie 4 mm dick ausrollen. Die obere Folie abziehen und die Hälfte der Eischneemasse etwa 3 mm dick auf den Teig streichen.

4 Den Backofen auf 130 °C vorheizen. Ein Backblech mit Backpapier auslegen. Aus dem Teig mit einer rechteckigen Ausstechform mit Wellenrand (etwa 5,5 x 3,5 cm) Rechtecke ausstechen oder mit einem Messer ausschneiden (das Förmchen oder Messer zwischendurch in heißes Wasser tauchen). Die Butterschnitten auf das Blech setzen und im vorgeheizten Ofen auf der mittleren Schiene etwa 6 Minuten hell backen.

5 Herausnehmen und auf dem Kuchengitter vollständig abkühlen lassen. Den restlichen Teig und Eischnee ebenso zu Plätzchen verarbeiten.

6 Die Aprikosenkonfitüre in einem Topf leicht erwärmen und durch ein Sieb streichen. Die Butterschnitten auf der Unterseite mit der Konfitüre bestreichen und jeweils zwei Plätzchen zusammensetzen.

Sie können die Plätzchen statt mit Aprikosenkonfitüre auch mit Himbeerkonfitüre oder leicht erwärmtem Orangengelee füllen. Als originelles Mitbringsel stapeln Sie 3 bis 4 Butterschnitten zu kleinen Türmchen und verschnüren diese vorsichtig mit einer Paketschnur.

Butterschnitten

Luftige Creme und mürber Teig: Diese Doppeldecker-Kekse haben es in sich

Linzer Torte: Klassiker aus Österreich

Die Mehlspeisen unserer Nachbarn sind berühmt – und berüchtigt, denn man kann einfach nicht genug von ihnen bekommen ...

Zutaten für 1 große oder 2 kleine Torten:
170 g gemahlene Mandeln · 150 g gemahlene Haselnüsse 300 g Mehl · 300 g kalte Butter · 200 g feinster Zucker 1 Ei · 1 Päckchen Bourbon-Vanillezucker · 2 TL Lebkuchengewürz · 1/2 TL Zimtpulver · 1 cl Kirschwasser 2 TL Backpulver · 20 g Honigmarzipan (beste Qualität, aus dem Bio-Laden) · Butter für die Form · 3–4 EL Weihnachtskonfitüre, Zwetschgenmarmelade mit Rum oder Johannisbeermarmelade (z. B. von Vêronique Witzigmann Buffet)

1 Die gemahlenen Mandeln und Nüsse in einer beschichteten Pfanne ohne Fett unter Rühren anrösten und abkühlen lassen. Das Mehl auf die Arbeitsfläche häufen. Die Butter in kleine Stücke schneiden und mit Mandeln, Nüssen, Zucker, Ei, Vanillezucker, Gewürzen, Kirschwasser, Backpulver und Marzipan zum Mehl geben. Alles rasch mit kühlen Händen zu einem Teig verkneten und zu einer Kugel formen. In Frischhaltefolie wickeln und 1 Stunde kühl stellen.

2 Eine Springform (26 cm ø) oder 2 Springformen (à 16 cm ø) einfetten. Zwei Drittel des Teigs in die Form(en) geben bzw. verteilen, den Teig mit den Händen flach drücken und die Form(en) damit auskleiden, dabei einen halbhohen Rand formen. Die Konfitüre oder Marmelade auf dem Teig verteilen.

3 Den Backofen auf 160 °C vorheizen. Den restlichen Teig verkneten, ausrollen und mit verschiedenen Ausstechformen Sterne, Schneeflocken usw. ausstechen. Die Torte(n) mit den Sternen verzieren und im vorgeheizten Ofen auf der mittleren Schiene etwa 35 Minuten (die kleinen Torten 25 Minuten) backen. Herausnehmen und vollständig abkühlen lassen.

Schoko-Cookies

Leicht gemacht und originell verpackt

Zutaten für ca. 15 Stück:
200 g Zartbitterschokolade · 100 g gehackte Mandeln 400 g Mehl · gemahlener Kardamom und Nelkenpulver je 1/2 TL Zimtpulver, Backpulver und Natron · 200 g weiche Butter · 250 g brauner Zucker · 1 Päckchen Bourbon-Vanillezucker Salz · 2 Eier · 1 1/2 cl Amaretto (ital. Mandellikör)

1 Die Schokolade grob hacken. Mandeln in einer beschichteten Pfanne ohne Fett unter Rühren leicht anrösten und abkühlen lassen. Das Mehl mit je 1 Prise Kardamom und Nelkenpulver, Zimt, Backpulver und Natron mischen und sieben.

2 Die Butter mit dem braunen Zucker, dem Vanillezucker und 1 Prise Salz in einer Schüssel mit den Quirlen des Handrührgeräts schaumig schlagen. Nacheinander die Eier hinzufügen und die Masse cremig rühren. Den Amaretto untermischen.

3 Abwechselnd portionsweise Schokolade, Mehl und Mandeln mit dem Teigschaber unterheben. Zum Schluss die Masse mit den Händen nochmals gut mischen. Ein Backblech mit Backpapier auslegen. Den Backofen auf 180 °C vorheizen.

4 Von dem Teig kleine Portionen abnehmen und zu runden, etwa 1 cm dicken Keksen (mit jeweils 8 cm ø) formen. Auf das Blech setzen und im vorgeheizten Ofen auf der mittleren Schiene etwa 14 Minuten knusprig backen.

Zum Verschenken stecken Sie je einen Cookie in eine CD-Tasche aus Papier mit Sichtfenster. Kopieren Sie sich den »Frohe Weihnachten«-Streifen von S. 124 bunt und kleben Sie die Botschaft auf die Hülle.

Brownies

Zutaten für 1 Backblech:
75 g Zartbitterschokolade · Butter für das Blech · 80 g Walnüsse
200 g weiche Butter · 180 g Zucker · 1 Päckchen Bourbon-Vanillezucker
4 Eier (Zimmertemperatur) · 80 g Mehl · 1/2 TL Salz · 70 g gemahlene Mandeln
150 g Zartbitterkuvertüre

1 Den Backofen auf 170 °C vorheizen. Die Schokolade auf einem ofenfesten Teller darin 4 bis 5 Minuten sehr weich werden lassen und herausnehmen. Den Backofen auf 180 °C hochschalten. Ein Backblech (etwa 40 x 33 cm) einfetten. Die Walnüsse grob hacken. Die Butter in einer Schüssel mit dem Zucker, dem Vanillezucker und den Eiern schaumig schlagen. Die weiche Schokolade unter die Butter-Eier-Masse rühren. Das Mehl mit dem Salz mischen, über den Teig sieben und unterrühren. Zuletzt die Walnüsse und die Mandeln unterheben.

2 Den Schokoteig 2 bis 2 1/2 cm hoch auf dem Blech verteilen und im vorgeheizten Ofen auf der mittleren Schiene etwa 35 Minuten backen. Dann den Kuchen in Quadrate schneiden oder mit einem Ausstecher z. B. Schneeflocken ausstechen.

3 Die Kuvertüre grob hacken und in einer Metallschüssel im heißen Wasserbad unter Rühren schmelzen. Die Brownies damit überziehen. Wer mag, verziert die Brownies mit je 1 Walnusshälfte oder bestäubt sie mit Puderzucker.

Schokolade – Glück, das man essen kann

Die dunklen Schneeflocken aus Schokolade auf den Brownies können Sie ganz leicht herstellen. Dafür einfach 200 g Zartbitterkuvertüre hacken und in einer Metallschüssel im heißen Wasserbad schmelzen lassen. Die flüssige Kuvertüre auf ein mit Backpapier ausgelegtes Backblech gießen, mit einer Palette oder einem breiten Messer dünn verstreichen und nicht ganz erstarren lassen. Mit kleinen Ausstechern die Schneeflocken ausstechen.

Schokolade darf als Allroundtalent natürlich auch in der vorweihnachtlichen Backstube nicht fehlen. Für ein unvergleichliches Geschmackserlebnis sollte beim Kauf von Schokolade und Kuvertüre Qualität ganz groß geschrieben werden. Als Faustregel gilt: Die Schokolade zum Backen sollte mindestens so gut sein wie die, die man gern pur genießt. Besonders bei den dunklen Sorten ist ein hoher Kakaogehalt von mindestens 60 % zu bevorzugen. Achten Sie beim Schmelzen der Schokolade im Wasserbad darauf, dass sie nicht zu heiß wird, denn sie verbrennt sehr schnell und bekommt dann einen unansehnlichen Grauschleier.

Adventskalender

24 Mal ein Lächeln zaubern

Mit unseren selbst gemachten Adventskalendern fällt das Warten aufs Christkind gleich viel leichter. Denn was gibt es Schöneres, als jeden Morgen eine Überraschung auszupacken? Das gilt für die Kleinen genauso wie für die Großen.

Adventssäckchen – fertig zum Plündern

Dieser Klassiker ist alles andere als kleinkariert, sondern lässt Ihrer Fantasie für Überraschungsgeschenke viel Platz

Hier bekommen Ihre Stoffreste einen großen Auftritt. Je nachdem, was Sie verschenken möchten, fertigen Sie die Säckchen einfach in der passenden Größe an. Besonders hübsch sieht es aus, wenn Sie die Leiter noch mit Tannengrün, Weihnachtsäpfeln und einer Lichterkette dekorieren. Die Säckchen können Sie natürlich auch an einer Kommode, vor dem Kamin oder einfach an einem Band z. B. quer durchs Kinderzimmer aufhängen.

Das brauchen Sie:
verschiedene karierte Stoffe · Schere · Nähmaschine · Nähgarn
Geschenkbänder · Holzzahlen (von 1 bis 24) · goldene Farbe
Doppelklebeband · Reißzwecken · Holzleiter

1 Für jedes Säckchen 2 Stoffteile zuschneiden. Wir haben 3 verschiedene Größen genäht (25 x 18, 20 x 15 und 15 x 12 cm).

2 Die Stoffteile jeweils an 3 Seiten von links zusammennähen und den oberen Rand einsäumen. Die Säckchen mit den Präsenten füllen und mit Geschenkband zubinden.

3 Die Holzzahlen mit goldener Farbe anstreichen, trocknen lassen und mit Doppelklebeband auf die Säckchen kleben. Die Säckchen mit Reißzwecken an einer Holzleiter befestigen.

Festlich eingetütet

Dieser Adventskalender kann ordentlich was wegstecken, und Kurzentschlossene schaffen es in letzter Minute, ein paar Präsente für die Liebsten zu verpacken

Das brauchen Sie:
24 braune Papiertüten · Sternstempel und rote Stempelfarbe · Zirkel · roten Bastelkarton · Zickzack-Schere · Locher selbstklebende Goldzahlen (von 1 bis 24) Geschenkband · rotes Seidenpapier

1 Auf die Vorderseiten der Tüten rote Sterne stempeln und trocknen lassen.

2 Für die Anhänger mit dem Zirkel Kreise von etwa 4 cm Durchmesser auf den Bastelkarton zeichnen und mit der Zickzack-Schere ausschneiden.

3 Mit dem Locher jeden Anhänger lochen und die Goldzahlen aufkleben. Die Anhänger mit Geschenkband an die Tüten hängen.

4 Die Geschenke auf die Tüten verteilen und jeweils etwas Seidenpapier dekorativ darüber drappieren.

Wenn Sie keinen Platz haben, alle 24 Tüten aufzustellen – kein Problem! Man kann auch jeden Tag ein Adventstütchen als Überraschung auf den Frühstückstisch stellen.

Glitzernder Begleiter durch den Advent

Mit winzigen Nussschalen, aber großer Optik zieht dieser etwas andere Kalender garantiert alle Blicke auf sich. Fast schon zu schade, um ihn zu »knacken« ...

Falls Sie von dieser Idee begeistert sind, Ihnen aber nicht auf Anhieb 24 passende Geschenke einfallen – keine Sorge! Es gibt jede Menge Kleinigkeiten, die sich für diesen Adventskalender eignen: eine liebevolle Botschaft, Kinokarten, ein Ring, Murmeln, eine Praline usw. Sie werden sehen, wie schnell sich die Nüsse füllen. Und wenn das 24. Geschenk abgeschnitten ist, kann man den Ast als Tisch-Deko verwenden (siehe S. 118).

Das brauchen Sie:
24 Walnüsse · spitzes Messer · Kleber Pinsel · silbernes und goldenes Glitzerpulver · Ast (ca. 4 cm Durchmesser und 1 m lang) · silberfarbene Pfeifenreiniger schmales Silberband · eventuell kleine Geschenkschachteln

Die winterliche Kulisse für diesen Adventskalender können Sie mit Eisspray auf die Fensterscheiben zaubern – egal, ob draußen Schnee liegt oder nicht. Und falls eine Ihrer Geschenkideen nicht in die Nüsse passt, können Sie einfach eine kleine Geschenkschachtel mit an den Ast binden. Zu einem besonderen Hingucker wird der Kalender, wenn Sie ihn zusätzlich mit Glitzervögeln dekorieren.

1 Die Walnüsse mit einem spitzen Messer vorsichtig an der Naht öffnen. Die Kerne herauslösen und die Schalen säubern. Achtung: Legen Sie die Schalen paarweise beiseite, dann kann man sie leichter wieder zusammensetzen.

2 Die Schalenhälften außen mit Kleber einpinseln, im silbernen Glitzerpulver wälzen und etwa 15 Minuten trocknen lassen. Als besonderer Clou strahlt die Walnuss für den 24. Dezember in Gold.

3 Den Ast mit Pfeifenreiniger umwickeln. Die gefüllten Walnusshälften aufeinanderlegen und jeweils mit einem Band fest verschnüren. Die Nüsse in unterschiedlicher Länge an den Ast binden.

Schenken & genießen

Mit Selbstgemachtem Freude bereiten

Klassisches für Traditionsbewusste, Originelles für Kreative und Exklusives für Verwöhnte – kulinarische Mitbringsel pflegen die Freundschaft und zeigen dem Beschenkten, wie wichtig er einem ist. Und für einen selbst bleibt vielleicht ja auch noch was übrig ...

Karibikstollen mit Marzipan

So haben Sie Stollen garantiert noch nicht probiert: Mit ihren exotischen Aromen sorgt diese ausgefallene Variante im tiefsten Winter für Südsee-Feeling

Zutaten für 1 Stollen:
30 g Bananenchips (aus dem Bio-Laden) · 20 g getrocknete Soft-Ananas · 70 ml frisch gepresster Orangensaft · 300 g Marzipanrohmasse (beste Qualität) · abgeriebene Schale von je 1/2 Bio-Limette und -Orange · 2 EL Limettensaft · 3 Eier
200 g Puderzucker · 1 EL Bourbon-Vanillezucker · 1–2 EL Rosinen
2 EL weißer Rum · 250 g weiche Butter · Salz · abgeriebene Schale von je 1/4 Bio-Limette und -Orange · 250 g Magerquark
500 g Mehl · 1 Päckchen Backpulver · Butter für die Form
Mehl für die Arbeitsfläche · 50 g Kokoschips (aus dem Bio-Laden) · Puderzucker zum Bestäuben

1 Für die Füllung die Bananenchips in einen Gefrierbeutel geben und mit dem Nudelholz zerkleinern. Die getrocknete Ananas ebenfalls klein schneiden. Beides in eine Schüssel geben, mit 60 ml Orangensaft übergießen und die Mischung etwa 10 Minuten ziehen lassen.

2 Das Marzipan auf der Gemüsereibe grob in eine Schüssel raspeln. Die Limetten- und Orangenschale sowie den Limetten- und den restlichen Orangensaft hinzufügen. 1 Ei, die Hälfte des Puderzuckers und den Vanillezucker dazugeben und alles mit den Quirlen des Handrührgeräts zu einer glatten Masse verrühren. Die Rosinen mit dem Rum, den Bananen- und Ananasstücken unter die Marzipanfüllung rühren.

3 Für den Teig 175 g Butter, den restlichen Puderzucker, 1 Prise Salz und die Zitrusschalen mit den Quirlen des Handrührgeräts oder in der Küchenmaschine schaumig rühren. Nacheinander die beiden übrigen Eier unterrühren und den Quark

unterheben. Das Mehl und das Backpulver in einer Schüssel mischen und unter den Teig heben. Den Teig mit den Händen gut durchkneten. Den Backofen auf 180 °C vorheizen. Ein Backblech mit Backpapier auslegen. Die Stollenform (39,5 cm Länge) einfetten.

4 Den Teig auf der bemehlten Arbeitsfläche mit dem Nudelholz zu einem etwa 40 x 30 cm großen Rechteck ausrollen. Die Marzipanfüllung auf den Teig geben und mit einer Palette verstreichen, dabei etwa 3 cm zum Rand frei lassen. Die Kokoschips auf der Füllung verteilen. Den Stollen von der breiten Seite her aufrollen, mit der Nahtseite nach oben in die Stollenform legen und gut in die Form drücken. Die Form mit der Öffnung nach unten auf das Blech setzen.

5 Den Stollen in der Form im vorgeheizten Ofen auf der mittleren Schiene 50 Minuten backen. Dann die Form entfernen und den Karibikstollen weitere 10 Minuten backen.

6 Inzwischen von den restlichen 75 g Butter 50 g zerlassen. Den Stollen aus dem Ofen nehmen und noch heiß rundum mit der flüssigen Butter bestreichen. Den Karibikstollen auf dem Kuchengitter vollständig abkühlen lassen, nochmals mit 25 g zerlassener Butter bestreichen und von allen Seiten dick mit Puderzucker bestäuben.

Sollten Sie keine Stollenform besitzen, verwenden Sie einfach eine Kastenkuchenform (35 x 15 cm). Den Stollen mit der Naht nach oben in die Form legen und 1 Stunde backen.

Trüffelpralinen – ein Hauch von Luxus

Von diesen raffinierten Köstlichkeiten können Ihre Gäste bestimmt nicht die Finger lassen. Kein Problem, die beiden Pralinensorten sind schnell noch mal gemacht!

Grand-Marnier-Trüffeln

Zutaten für ca. 25 Stück:
400 g weiße Schokolade · 100 g Crème fraîche · 50 g Butter · 3 TL Grand Marnier (franz. Orangenlikör) · 1/2 TL abgeriebene Bio-Orangenschale · Mark von 1/2 Vanilleschote · Kokosraspel zum Wälzen · 1 Päckchen Bourbon-Vanillezucker

1 Die Schokolade fein hacken. Die Crème fraîche in einer Metallschüssel im heißen Wasserbad flüssig werden lassen, aber nicht kochen. Aus dem Wasserbad nehmen und die Schokolade unter Rühren darin schmelzen lassen. Die Butter in einem kleinen Topf bei schwacher Hitze langsam zerlassen.

2 Den Grand Marnier, die Orangenschale, das Vanillemark und die zerlassene Butter mit dem Schneebesen unter die Schokoladenmasse rühren. Die Masse abkühlen lassen und mindestens 8 Stunden kühl stellen, dabei öfter durchrühren.

3 Die Kokosraspel in einem tiefen Teller mit dem Vanillezucker mischen, nach Belieben noch etwas Blattgoldpulver unterrühren. Von der Trüffelmasse mit zwei Teelöffeln kleine Portionen abnehmen, mit kühlen Händen zu Kugeln formen und in der Kokos-Zucker-Mischung wälzen.

4 Kühl und luftdicht verschlossen aufbewahrt, sind die Grand-Marnier-Trüffeln etwa 8 Tage haltbar.

Rumtrüffeln

Zutaten für ca. 25 Stück:
200 g Zartbitterschokolade (70 % Kakaogehalt) · 150 g Zartbitterschokolade mit Orangenaroma · 50 g Vollmilchschokolade · 100 g Crème fraîche · 50 g Butter 3 EL brauner Rum · 1/2 TL abgeriebene Bio-Orangenschale · Kakaopulver zum Wälzen

1 Alle Schokoladensorten fein hacken. Die Crème fraîche in einer Metallschüssel im heißen Wasserbad flüssig werden lassen, aber nicht kochen. Aus dem Wasserbad nehmen und die Schokolade unter Rühren darin schmelzen lassen. Die Butter in einem kleinen Topf bei schwacher Hitze langsam zerlassen.

2 Den Rum, die Orangenschale und die zerlassene Butter mit dem Schneebesen unter die Schokoladenmasse rühren. Die Masse abkühlen lassen und mindestens 8 Stunden kühl stellen, dabei öfter durchrühren.

3 Das Kakaopulver in eine Schüssel sieben. Von der Trüffelmasse mit zwei Teelöffeln kleine Portionen abnehmen, mit kühlen Händen zu Kugeln formen und in dem Kakaopulver wälzen. Kühl und luftdicht verschlossen aufbewahrt, sind die Rumtrüffeln etwa 8 Tage haltbar.

Die Trüffelmasse können Sie auch mit einem Spritzbeutel in kleine Aluförmchen oder verschiedene Pralinenhohlkörper (z. B. von Tortissimo) spritzen.

Zwetschgen-Chutney mit Ingwer

Der würzig-pikante Veredler von Rehgulasch, Hirschbraten und Co.

Zutaten für 5–6 Gläser à 200 ml:
1 1/2 kg reife Zwetschgen · 150 ml Rotwein · 1 walnussgroßes Stück Ingwer · 3 Knoblauchzehen · 1 Lorbeerblatt
6 Gewürznelken · 1 Zimtstange · 3 Wacholderbeeren
je 1 Majoran-, Rosmarin- und Thymianzweig · 260 g rote Zwiebeln · 180 g brauner Zucker · 100 ml Rotweinessig
Wildgewürz (z. B. von 1001 Gewürze) und Ingwermus (aus dem Asien-Laden) zum Abschmecken

1 Die Einmachgläser offen in einen großen Topf auf ein Sieb stellen. So viel heißes Wasser angießen, bis die Gläser bedeckt sind, und etwa 10 Minuten kochen lassen. Die ausgekochten Gläser kopfüber auf einem sauberen Küchentuch abtropfen lassen. Mit Deckeln und Gummiringen ebenso verfahren.

2 Die Zwetschgen waschen, trocken reiben und entsteinen. 1,4 kg Fruchtfleisch abwiegen und klein schneiden.

3 Den Wein in einem kleinen Topf bei mittlerer Hitze auf die Hälfte einköcheln lassen. Den Ingwer und den Knoblauch schälen, den Knoblauch grob hacken. Beides mit den restlichen Gewürzen in einen Einweg-Teefilter füllen und zubinden. Die Kräuter zu einem Sträußchen binden.

4 Die Zwiebeln schälen und in feine Würfel schneiden. Die Zwiebelwürfel mit dem Zucker in einem Topf mischen und aufkochen lassen, mit dem Essig ablöschen. Die Zwetschgen, das Gewürzsäckchen und das Kräutersträußchen hinzufügen und die Mischung etwa 30 Minuten einkochen. Nach 15 Minuten den eingekochten Rotwein dazugießen und mitkochen lassen.

5 Das Chutney mit dem Wildgewürz und dem Ingwermus abschmecken, in die vorbereiteten Gläser füllen und gut verschließen.

Grapefruitmarmelade mit Rosenwasser

Der blumig-fruchtige Verführer für einen süßen Start in den Morgen

Zutaten für 2–3 Gläser à 200 ml:
3 große rosa Grapefruits · 240 g Gelierzucker (3:1) · 1/2 Vanilleschote · 2 TL Ginger Nut Sirup · 1 EL Rosenwasser (Apotheke)

1 Die Einmachgläser offen in einen großen Topf auf ein Sieb stellen. So viel heißes Wasser angießen, bis die Gläser bedeckt sind, und etwa 10 Minuten kochen lassen. Die Gläser kopfüber auf einem sauberen Küchentuch abtropfen lassen. Mit Deckeln und Gummiringen ebenso verfahren.

2 Die Grapefruits halbieren, eine Hälfte beiseitelegen, aus den anderen Hälften den Saft auspressen. 570 ml Saft abmessen. Aus der beiseitegelegten Grapefruithälfte die Fruchtfilets herausschneiden und 125 g abwiegen.

3 Den Saft mit den Grapefruitfilets in einen Topf geben. Den Gelierzucker hinzufügen. Die Vanilleschote längs aufschneiden und das Mark herauskratzen. Das Vanillemark ebenfalls dazugeben. Die Frucht-Zucker-Mischung unter Rühren langsam erhitzen und 4 Minuten kochen lassen. Dann die Marmelade mit dem Stabmixer pürieren und zuletzt den Sirup und das Rosenwasser unterrühren. Die Grapefruitmarmelade in die vorbereiteten Gläser füllen und gut verschließen.

Für eine süßere Variante verzichten Sie auf das Rosenwasser und karamellisieren Sie 2 EL Zucker hell. Den Karamell zum Schluss mit 1 cl Orangenlikör unter die Grapefruitmarmelade rühren. Die Marmelade ist etwa 9 Monate haltbar. Ginger Nut Sirup bekommen Sie im Asien-Laden.

Eierlikör mit Vanille

Zutaten für ca. 1/2 l Likör:
250 g Puderzucker · 1/4 Vanilleschote · 2 sehr frische Eigelb
2 sehr frische Eier · 100 ml 70%iger Alkohol (aus der Apotheke)
2 1/2 cl Cointreau (franz. Orangenlikör) · 300 g gekühlte Sahne

1 Eine oder mehrere für den Eierlikör passende Flaschen mit weitem Hals offen auf ein Gitter in einen Topf legen. So viel heißes Wasser angießen, bis die Flaschen bedeckt sind, und etwa 10 Minuten kochen lassen. Herausheben und auf einem sauberen Küchentuch gut abtropfen lassen.

2 Den Puderzucker fein sieben. Die Vanilleschote längs aufschneiden und das Mark herauskratzen. Die Eigelbe, die Eier und das Vanillemark in einer Schüssel mit den Quirlen des Handrührgeräts schaumig schlagen. Dann nach und nach den Puderzucker einrieseln lassen.

3 Den Alkohol und den Cointreau dazugeben und unterrühren. Die Sahne halbsteif schlagen und ebenfalls unterziehen.

4 Den Eierlikör mithilfe eines Trichters in die Flaschen füllen und gut verschließen. Den Eierlikör im Kühlschrank aufbewahren und möglichst bald genießen, er ist höchstens 1 Woche haltbar. Den Likör vor dem Servieren jeweils gut schütteln.

Schneller Rumtopf

Zutaten für 2 l Rumtopf:
200 g Tiefkühl-Zwetschgen · 250 g Tiefkühl-Kirschen
1 große Bio-Orange · 2 Zimtstangen · 1 Sternanis · 8 Gewürznelken · 1 l 80%iger Stroh-Rum · 1 kg brauner Zucker
120 g Rote Johannisbeeren · 1–2 Birnen · 250 g Ananasfruchtfleisch

1 Die Tiefkühl-Früchte auftauen lassen. Die Gläser für den Rumtopf, wie auf S. 32 in Schritt 1 beschrieben, vorbereiten. Die Orange heiß waschen und trocken reiben, etwa 7 g Schale fein abreiben und 35 g Orangenschale in breiten Streifen abschälen. Die Orangenschalen mit den Gewürzen in einen Topf geben und mit dem Rum und dem braunen Zucker unter Rühren langsam erhitzen, bis sich der Zucker aufgelöst hat. Den Rumsud abkühlen lassen.

2 Die Orange filetieren und 150 g Fruchtfilets abwiegen. Die Zwetschgen vierteln und die Kirschen halbieren. Die Johannisbeeren von den Rispen streifen und 100 g abwiegen. Die Birnen waschen, vierteln, entkernen und 150 g Fruchtfleisch abwiegen. Birnen und Ananas klein schneiden. Alle Früchte in die Gläser einschichten und mit dem Rumsud auffüllen. Die Früchte müssen vollständig mit Flüssigkeit bedeckt sein, falls nötig, noch etwas Rum nachgießen. Den Rumtopf zugedeckt 3 bis 4 Wochen ziehen lassen, dabei gelegentlich mit einem Metalllöffel umrühren.

Schokoladenlikör

Hochprozentiges für Chocoholics: Dieser Likör sorgt garantiert für entspannte Stimmung unter dem Weihnachtsbaum

Zutaten für ca. 1/2 l Likör:
100 g Vollmilchschokolade · 150 g Zartbitterschokolade
4 sehr frische Eigelb · 250 g Zucker · 1/2 Vanilleschote
1/2 l Milch · 1 Msp. Zimtpulver · 160 ml 70%iger Alkohol (aus der Apotheke) · 90 ml 80%iger Stroh-Rum

1 Eine oder mehrere für den Schokolikör passende Flaschen mit weitem Hals offen auf ein Gitter in einen Topf legen. So viel heißes Wasser angießen, bis die Flaschen bedeckt sind, und etwa 10 Minuten kochen lassen. Herausheben und auf einem sauberen Küchentuch gut abtropfen lassen.

2 Beide Schokoladensorten grob hacken, in einer Metallschüssel im heißen Wasserbad unter Rühren schmelzen und abkühlen lassen. Die Eigelbe in einer Schüssel mit der Hälfte des Zuckers schaumig schlagen. Nach und nach mit dem Schneebesen die geschmolzene Schokolade unterrühren.

3 Die Vanilleschote längs aufschneiden und das Mark herauskratzen. Die Milch in einem Topf mit dem restlichen Zucker, dem Vanillemark und dem Zimt aufkochen, dabei ständig mit dem Schneebesen rühren. Die Milch etwa 10 Minuten abkühlen lassen, zur Schokomasse gießen und unterrühren.

4 Den Alkohol und den Rum zur Schokoladencreme geben und alles gut verrühren. Einen Trichter auf die Flaschen setzen, den Schokoladenlikör durch ein Sieb in die Flaschen füllen und etwa 3 Stunden kühl stellen.

5 Den Schokoladenlikör im Kühlschrank aufbewahren und möglichst bald genießen, er ist höchstens 10 Tage haltbar. Den Likör vor dem Servieren jedes Mal gut schütteln.

Ein fruchtiges Aroma erhält der Likör, wenn Sie noch etwas fein abgeriebene Bio-Orangenschale unterrühren. Oder Sie ersetzen 50 g Zartbitterschokolade durch Zartbitterschokolade mit Orangenaroma. Wenn Sie Puderzucker statt herkömmlichem Zucker verwenden, nur 1/8 l 70%igen Alkohol dazugeben und den Stroh-Rum durch braunen Rum ersetzen, erhalten Sie eine reichhaltige »beschwipste« Schokoladencreme. Sie passt gut zu Winterfrüchten, z. B. zu pochierten Birnen.

Aprikosenöl

Das Öl mit Lavendelnote gibt Salaten und mariniertem Huhn den letzten Kick

Zutaten für 400 ml Öl:
400 ml Bio-Sonnenblumenöl · 3 getrocknete Soft-Aprikosen · 1 Streifen Bio-Limettenschale · 1/2 Zimtstange
4 g Lavendelblüten (aus der Apotheke)

1 Das Öl in ein vorbereitetes Einmachglas (siehe S. 32, Schritt 1) füllen. Die Aprikosen vierteln, mit der Limettenschale und dem Zimt in das Öl legen.

2 Die Lavendelblüten in einer beschichteten Pfanne ohne Fett kurz erwärmen und ebenfalls in das Öl geben.

3 Das Einmachglas mit einem Stück Stoff bedecken und das Aprikosenöl etwa 8 Tage ziehen lassen.

4 Eine Flasche oder Karaffe, wie auf S. 32 in Schritt 1 beschrieben, vorbereiten. Einen Trichter auf die Flasche setzen und das Öl durch ein Sieb in die Flasche gießen. Gut verschließen, kühl lagern und bald genießen.

Feigenessig

Mit seinem süßen Aroma verfeinert dieser Essig perfekt herbe Salate

Zutaten für 1/2 l Essig:
1/2 l milder Rotweinessig (beste Qualität) · 1 frische Feige · 1 getrocknete Soft-Feige · 1 TL Honig · 1 1/2 EL Rosenwasser (aus der Apotheke) · 1/2 Vanilleschote
1 Streifen Bio-Orangenschale

1 Ein großes Einmachglas, wie auf S. 32 in Schritt 1 beschrieben, vorbereiten. Den Rotweinessig in einen Topf gießen. Die frische Feige waschen, trocken tupfen und mit der getrockneten Feige klein schneiden.

2 Die geschnittenen Feigen, den Honig und das Rosenwasser zum Essig geben. Die Vanilleschote längs aufschneiden und mit der Orangenschale hinzufügen. Die Mischung leicht erwärmen und den Honig schmelzen, aber nicht kochen lassen.

3 Die Essigmischung in das Einmachglas füllen, das Glas mit einem Stück Stoff bedecken und den Feigenessig 6 bis 8 Tage ziehen lassen.

4 Eine dekorative Flasche oder Karaffe, wie auf S. 32 in Schritt 1 beschrieben, vorbereiten. Einen Trichter auf die Flasche setzen und den Feigenessig durch ein Sieb in die Flasche gießen. Gut verschließen, kühl lagern und bald genießen.

Grundsätzlich sollten Sie Öle und Essige besser in dunklen als in hellen Flaschen lagern, da sie lichtgeschützt länger haltbar sind.

Warten auf den Nikolaus

Basteleien für reiche Gaben

Überall fiebern die Kinder der Nacht auf den 6. Dezember entgegen, wenn der Nikolaus seine Geschenke bringt. Früher war am Nikolaustag die Weihnachtsbescherung. Weil das Christkind aber nicht mit leeren Händen dastehen sollte, wurde ein zweiter Gabentisch eingeführt.

Santa Chic vom Feinsten

Bei diesen Stiefeln wird sich der Nikolaus bestimmt großzügig zeigen

Einst steckte der Nikolaus seine Gaben in die Schuhe der Kinder, denn Schuhe galten als Symbol für Besitz. Vor allem Lederschuhe waren etwas ganz Besonderes, nur reiche Leute konnten sich für jedes Familienmitglied ein Paar leisten. Mit zunehmendem Wohlstand fielen die Geschenke immer reichhaltiger aus, und die Kinder merkten schnell, dass in einem Strumpf viel mehr Platz findet als in einem Schuh. Also wurden fortan für den Nikolaus Strümpfe aufgehängt.

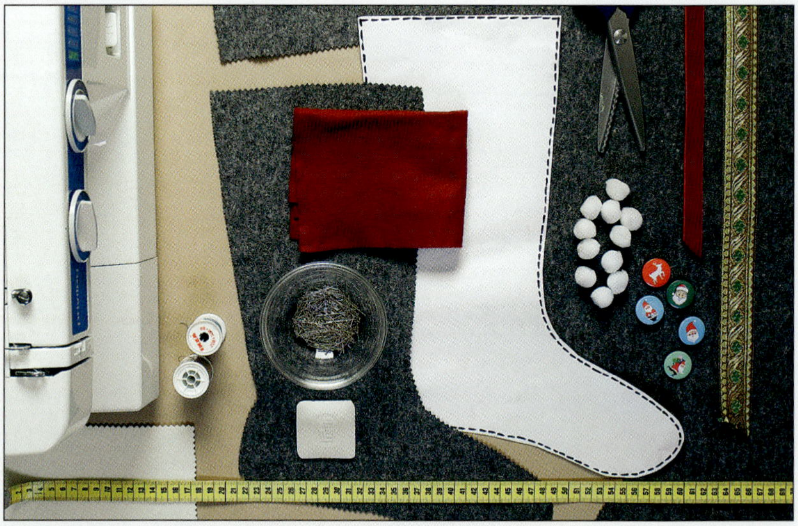

Das brauchen Sie:
Filz · Stoffreste nach Wahl · Zickzack-Schere · Nähmaschine · Nähgarn

Ton in Ton mit edler Borte

Klassiker in Grau und Rot

Winterlich mit kleinen Schneebällen

1 Filzstiefel nach der Vorlage auf S. 122 pro Stiefel zweimal mit der Zickzack-Schere zuschneiden. Die Stulpe aus einem anderen Stoff ebenfalls gemäß der Vorlage ausschneiden. Achten Sie darauf, dass die Stulpe auf jeder Seite etwa 5 mm breiter als der Stiefel ist.

2 Bevor man die Stiefelteile zusammennäht, muss die Stulpe angenäht werden. Dafür an die Stulpenstücke auf links (damit die schönere Seite später außen ist) jeweils etwa 2 cm überlappend ein Stiefelteil nähen. Danach werden zuerst die Stiefel- und dann die Stulpenstücke jeweils an den Seiten zugenäht. Auf unseren Fotos finden Sie Anregungen, wie unterschiedlich man die Stiefel durch die Wahl der Stoffe und zusätzlicher Bordüren gestalten kann.

Besonders individuell können Sie die Nikolausstiefel mit unseren Buttons schmücken. Die Vorlagen finden Sie auf S. 124 zum Farbkopieren. Wenn Sie keine Buttonmaschine haben, können Sie die Vorlagen z. B. auch auf selbstklebendes Papier kopieren, ausschneiden und als Aufkleber verwenden. Oder die Buttons ganz einfach bestellen über: www.monikadrexel.de.

Kerzenschein und Lichterglanz

Kinder haben am Basteln ihre helle Freude – und sind bestimmt stolz, wenn sie den Nikolaus mit selbst gemachten Kerzen willkommen heißen können

»Wart ihr auch artig?« Das ist am Nikolaustag die entscheidende Frage, und deshalb sind viele Kinder am Abend vor der Bescherung ganz besonders brav. Dass dies hilft, ist sogar psychologisch erwiesen, denn wir behalten vor allem den letzten Eindruck im Gedächtnis. Also Kinder, nach dem Basteln schnell noch das Zimmer aufräumen …

Das brauchen Sie:
Verzierwachs-Platten in Silber · Backpapier · Holzbrett · Föhn Tannenbaum-Ausstecher · Dochte · Schere · Zahnstocher

1 Die Wachsplatten auf einem mit Backpapier bedeckten Holzbrett auslegen und mit dem Föhn leicht anwärmen. Mit dem Ausstecher für jede gewünschte Kerze zwei Tannenbäume ausstechen. Wenn Sie die Kerzen dicker möchten, können Sie auch 3 oder 4 Bäume ausstechen und aufeinanderlegen.

2 Die notwendige Länge des Dochts an einem Ausstecher abmessen, entsprechend zuschneiden und auf die Hälfte der Wachsbäume legen. Der Docht sollte vom unteren Rand etwa 2 cm eingerückt sein und oben etwa 1 cm überstehen.

3 Damit man die Kerzen befestigen oder z.B. in einen Adventskranz stecken kann, jeweils einen Zahnstocher (oder für größere Kerzen einen Cocktailspieß) so auf die Wachstannenbäume legen, dass unten einige Zentimeter überstehen. Jeweils die zweite Wachsform auflegen und von der Mitte nach außen andrücken. Die Bäume nochmals mit dem Föhn anwärmen und die Wachsplatten fest zusammendrücken.

Die kleinen Tannenbäume können Sie auch zum Schmücken Ihrer Weihnachtspakete verwenden. Und Engel- oder Sternausstecher sind ebenfalls ideal, um Kerzen selbst zu machen. Wir haben die Tannenbäume auf ein Moosbett gesteckt: So leuchten sie mit dem Adventskranz um die Wette.

Glühwein, Grog & Co.

Alles, was so richtig einheizt

Der erste Glühwein des Jahres ist einfach etwas Besonderes! Er wärmt nicht nur kalte Hände, sondern auch Herz und Seele. Selbst gemachte Würzweine und Heißgetränke schmecken natürlich am besten, weil man nur die hochwertigsten Zutaten wählen kann.

Weißer Glühwein mit Birne

Hier kommt der beliebte Würzwein überraschend fruchtig daher

Zutaten für ca. 1 l Wein:
800 ml Weißwein · 300 ml ungesüßter Birnensaft (aus dem Bio-Laden) · 2 cl Birnenschnaps · 4 Gewürznelken · 2 Zimtstangen · 1 aufgeschnittene Vanilleschote · Saft und Schalenstreifen von 1/2 Bio-Zitrone

1 Den Wein in einen großen Topf geben. Den Birnensaft, den Schnaps, die Nelken, den Zimt, die Vanilleschote, den Zitronensaft und die -schale hinzufügen und die Weinmischung zugedeckt etwa 1 Stunde ziehen lassen.

2 Dann den Topf auf den Herd stellen und den Wein-Gewürz-Sud bis knapp unter den Siedepunkt erhitzen. Mit dem Schaumlöffel die ganzen Gewürze entfernen und den weißen Glühwein noch heiß in Tassen oder hitzebeständigen Gläsern servieren. Den Glühwein je nach Geschmack mit 1 bis 2 TL Kandiszucker süßen.

Roter Glühwein mit Ingwer

Aromatisch und gut: Dieser Winterklassiker darf auf keinem Adventsfest fehlen

Zutaten für ca. 1 l Wein:
50 g Rosinen · 5 cl brauner Rum · 1 l guter Rotwein · 1/2 Vanilleschote · 5 EL Zucker · 2 Zimtstangen · 4 Gewürznelken
1 Sternanis · 4 Pimentkörner (angedrückt) · 10 g frischer Ingwer (geschält) · 2 TL Glühweingewürz (z. B. von Ingo Holland)
je 2 Streifen Bio-Zitronen- und -Orangenschale

1 Die Rosinen in einem Schälchen mit dem Rum übergießen und etwas ziehen lassen. Den Rotwein in einen Topf gießen. Die Vanilleschote längs aufschneiden und das Mark herauskratzen. Vanilleschote und -mark in den Topf geben. Den Zucker mit Zimt, Nelken, Anis, Piment, Ingwer, Glühweingewürz und Zitrusschalen hinzufügen und die Glühweinmischung zugedeckt etwa 20 Minuten ziehen lassen.

2 Den Topf auf den Herd stellen und die Weinmischung bis knapp unter den Siedepunkt erhitzen. Mit dem Schaumlöffel die ganzen Gewürze entfernen.

3 Die Rumrosinen dazugeben und den Glühwein nochmals kurz erhitzen. Den Glühwein noch heiß auf Tassen oder hitzebeständige Gläser verteilen.

Für eine fruchtige Variante halbieren Sie noch 1 oder 2 Orangen, pressen den Saft aus und mischen ihn zum Schluss unter den Glühwein.

Weihnachtsgrog mit Orangensaft

Als feste Schiffsration sorgte Grog in alten Zeiten für gute Stimmung an Bord – heute dürfen sich in der kalten Jahreszeit auch Landratten an ihm erfreuen

Zutaten für ca. 3/4 l Grog:
ca. 6 g loser schwarzer Tee
2 Zimtstangen · 4 Gewürznelken
4 Sternanis · 2 Bio-Orangen
5 cl brauner Rum · 2 cl Cointreau
(franz. Orangenlikör)

1 In einem Topf etwa 3/4 l Wasser aufkochen. Den Tee in einen Einweg-Teefilter füllen, zubinden und in das kochende Wasser geben, den Topf vom Herd nehmen. Die Gewürze hinzufügen und den Tee zugedeckt 5 Minuten ziehen lassen.

2 Eine Orange auspressen, die zweite Orange heiß waschen, trocken reiben und 4 etwa 1/2 cm dicke Scheiben abschneiden. Orangenscheiben auf Tassen verteilen. Den Teebeutel entfernen und die Gewürze mit einem Sieb herausnehmen. Rum, Orangenlikör und -saft unterrühren. Grog auf die Tassen verteilen, nach Belieben mit Honig oder Kandiszucker süßen.

Mandelmilchkaffee mit Orangenlikör

Heiß, belebend und sinnlich: Diese raffinierte Kaffee-Kreation mit orientalischen Gewürzen schmeckt genauso verführerisch, wie sie duftet

Zutaten für ca. 2 Tassen:
200 ml Milch · 2 TL Mandelmus (von ungeschälten Mandeln; aus dem Bio-Laden) · 1 Streifen Bio-Orangenschale · Nelkenpulver · gemahlener Kardamom · 3 TL Grand Marnier (franz. Orangenlikör) · 100 g Sahne · 1 TL Bourbon-Vanillezucker Zimtpulver · 100 ml frisch gebrühter Kaffee

1 Die Milch in einem Topf bei schwacher Hitze erwärmen. Das Mandelmus mit dem Schneebesen unterrühren. Die Orangenschale, je 1 Prise Nelkenpulver und Kardamom sowie den Likör hinzufügen und die Milch kurz aufkochen. Vom Herd nehmen und etwa 10 Minuten ziehen lassen. Die Mandelmilch durch ein Sieb gießen und zugedeckt beiseitestellen.

2 Die Sahne mit den Quirlen des Handrührgeräts halbsteif schlagen, zuletzt den Vanillezucker und 1 Prise Zimt einrieseln lassen und unterschlagen.

3 Von der Mandelmilch 150 ml abmessen und auf zwei Tassen verteilen, den gebrühten Kaffee langsam dazugießen. Auf den Mandelmilchkaffee jeweils etwa 2 EL Zimtsahne geben. Den Mandelmilchkaffee nach Belieben mit fein geriebenen Cantuccini-Bröseln, etwas abgeriebener Orangenschale oder mit Kakaopulver bestäubt servieren.

Perfekt ergänzt: Als kleiner Snack zum Kaffee passen karamellisierte Mandeln. Dafür 200 g geschälte Mandeln mit etwas Wasser befeuchten und mit 120 g Puderzucker mischen. Auf einem mit Backpapier ausgelegten Blech im Backofen bei 220 °C etwa 10 Minuten karamellisieren.

Sterntalers Zimttraum

Beim Genuss dieser würzigen Milch mit Schuss werden (nicht nur) müde Nikoläuse und ihre Gehilfen garantiert wieder munter ...

Zutaten für 3–4 Gläser:
80 g weiße Schokolade · 300 ml fettarme Milch · 200 g Sahne
Mark von 1 Vanilleschote · 1 TL Zimtpulver · Nelkenpulver
1/2 TL Zimtsterngewürz · 2–3 Tropfen Orangenaroma
6 cl Amaretto (ital. Mandellikör) · 1 cl brauner Rum

1 Die Schokolade grob hacken. Mit der Milch in einen Topf geben und unter Rühren bei schwacher Hitze erwärmen, bis die Schokolade geschmolzen ist. Die weiße Schokoladenmilch vom Herd nehmen und lauwarm abkühlen lassen.

2 Die Sahne halbsteif schlagen und anschließend das Vanillemark, den Zimt, 2 Prisen Nelkenpulver, das Zimtsterngewürz, das Orangenaroma, den Amaretto und den Rum untermischen.

3 Die aromatisierte Sahne in die Schokomilch geben und mit dem Schneebesen gut unterrühren. Die Zimtsternmilch auf Gläser verteilen. Nach Belieben jeweils etwas aufgeschäumte Milch daraufgeben, mit etwas Zimtsterngewürz bestreuen und mit Zimtsternen servieren.

Frohe Weihnachten und
alle besten Wünsche fürs neue Jahr

Weihnachtspost

Die besten Kartentricks

Verwandte, Freunde, Nachbarn, Kollegen:
Jahr für Jahr wird die Liste derer, denen wir einen Weihnachtsgruß schicken möchten, länger. Karten zu basteln ist kein großer Aufwand – und sie sind viel persönlicher als jede gekaufte.

Grüße von irdischen Weihnachtsengeln

Lassen Sie sich von unseren Ideen inspirieren und nehmen Sie sich schon Anfang Dezember Zeit zum Kartenbasteln. Sie werden sehen, je früher Sie die Weihnachtspost verschicken, umso schneller füllt sich auch Ihr eigener Briefkasten.

Glänzender Auftritt

Das brauchen Sie:
grüne Karte (15 x 30 cm, genutet) · Sprühkleber · DIN-A4-Papier
Schere · goldenes Glitzerpulver · Lackmalstift in Gold

Die Karte mit Sprühkleber einsprühen und etwas antrocknen lassen. Ein Blatt DIN-A4-Papier in der Mitte falten und die Kontur eines halben Weihnachtsbaums ausschneiden (wie ein Scherenschnitt). Das Papier auseinanderfalten und als Schablone mittig auf die Karte kleben. Glitzerpulver über die freie Fläche streuen und die Schablone vorsichtig entfernen. Die Karte mit Lackmalstift beschriften – das sind goldene Aussichten!

Adventskranz per Post

Das brauchen Sie:
Girlandendraht · künstliches Girlandenband · Geschenkband
Tacker · rote Karte (15 x 30 cm, genutet) · Lackmalstift in Gold

Rot, Gold und Grün sind klassische Weihnachtsfarben. Diese Karte bekommt durch einen kleinen Kranz aus künstlichem Girlandenband einen ganz persönlichen Touch. Einfach aus Girlandendraht einen Kranz formen und mit dem Girlandenband umwickeln. Eine Schleife aus Geschenkband daranbinden und den Kranz auf der Karte festtackern. Mit Goldstift beschriften.

Funkelnde Kerzen

Das brauchen Sie:
Schneiderkreide · Filz · rote Karte (15 x 30 cm, genutet)
Sprühkleber · Strass- und Schmucksteine · Schmuckkleber
Lackmalstift in Silber

Mit Schneiderkreide die Kontur eines Tannenbaums auf Filz (ca. 2 mm dick) aufmalen und ausschneiden (Filz eignet sich perfekt, weil er nicht ausfranst). Den Baum auf die Karte kleben, Strass- und Schmucksteine als Lichterketten mit Schmuckkleber fixieren. Die Karte nach Wunsch beschriften.

Winterzauber pur

Das brauchen Sie:
Foto · Sprühkleber · graue Karte (15 x 30 cm, genutet)
Schneeflocken-Stempel · weiße oder silberne Stempelfarbe
Lackmalstift in Silber

Gemeinsam mit den besten Weihnachtswünschen kommen hier Schneeflöckchen ins Haus geschneit. Ihr Lieblings-Winterbild auf die passende Größe zuschneiden und mit Sprühkleber in die Mitte der Karte kleben. Locker über die Karte (und nach Belieben auch über das Foto) verteilt weiße oder silberne Schneeflocken stempeln. Die Karte beschriften.

Glänzender Auftritt

Funkelnde Kerzen

Adventskranz per Post

Winterzauber pur

Glitzer und Glamour

Diese Karte gelingt auch Bastel-Anfängern. Sie macht viel her, ist aber ganz leicht nachzumachen – denn die Hauptarbeit leisten Gold- und Silberstempel. Einfach den Mittelteil der Karte mit Papier und einen breiten äußeren Rand vorsichtig mit Klebeband abkleben. Verschiedene Motive in Gold und Silber beliebig auf die freie Fläche stempeln. Dann die Abdeckungen vorsichtig abheben bzw. -ziehen und die Karte im Mittelteil mit einem Lackstift beschriften. Nach Belieben einen Rahmen mit dem Schriftzug »Frohe Weihnachten« aufstempeln.

Perfekt gerahmt

Perfekt gerahmt

Das brauchen Sie:

Leinenband · Cuttermesser · Doppelklebeband · cremefarbene Karte (15 x 30 cm, genutet) · Stempel »Frohe Weihnachten« · rote Stempelfarbe

Den stilvollen Rahmen für eine Weihnachtskarte bildet hier edles Leinenband. Wichtig ist, dass Sie das Band auf die exakte Länge der Kartenseiten mit einem Cuttermesser zuschneiden und die Enden jeweils sauber abschrägen. Die Bänder mit Doppelklebeband auf die Karte kleben und in die Mitte der Karte den Schriftzug »Frohe Weihnachten« stempeln (kann man natürlich auch mit der Hand schreiben). Bei dieser Variante sieht z. B. auch ein weihnachtliches Geschenkband mit Glitzer oder Sternchen sehr edel aus.

Für Sternstunden

Für Sternstunden

Das brauchen Sie:

Papier · Schere · Schneiderkreide · karierter Stoff · Sprühkleber · rote Karte (15 x 30 cm, genutet) · Nähmaschine · Nähgarn · Lackmalstift in Silber

Nach der Vorlage auf S. 123 einen Stern aus Papier ausschneiden und die Umrisse mit Schneiderkreide auf den Stoff übertragen. Sorgfältig ausschneiden und mit ein wenig Kleber auf der Karte fixieren. Mit der Nähmaschine im Zickzack-Stich festnähen und die Karte beschriften. Wenn Ihnen dies zu aufwendig ist, können Sie den Stern z. B. auch aus Filz ausschneiden (der franst nicht aus) und einfach nur auf die Karte kleben. Nehmen Sie für jede Karte einen anderen Stoff(rest), dann verschicken Sie echte Unikate. Und wenn Sie die Karten in ein Pergamentkuvert stecken, freut sich nicht nur der Empfänger, sondern staunt auch schon der Postbote.

Wie anno dazumal

Wie anno dazumal

Das brauchen Sie:

Oblate · Karte (15 x 30 cm, genutet) · Sprühkleber · Kunstschnee

Wie in der guten alten Zeit sind Oblaten, nostalgische Schmuckbilder, wieder in Mode. Ob Nikolaus oder Weihnachtsengel, wählen Sie ein Motiv aus und sprühen Sie die Karte mit Sprühkleber ein. Die Oblate aufkleben und – damit die winterliche Stimmung perfekt wird – die Karte mit Kunstschnee bestreuen. Hübsch sieht es auch aus, wenn Sie die Oblate alternativ auf ein Schneebett aus Watte setzen. Das ist der perfekte Retro-Look und herrlich winterlich!

Adventskranz & Co.

Grüne Weihnachtsboten

Wenn es draußen grau und trist ist, bringen grüne Zweige nicht nur optisch Freude ins Haus – auch ihr Duft entspannt und macht glücklich. Grund genug, sie beim Dekorieren ruhig in größeren Mengen einzusetzen.

Nach den Sternen greifen

Zugegeben: Um unsere Adventssterne nachzubauen, sollte man am besten einen Profi zu Rate ziehen. Dafür hat man aber einzigartige Kunstwerke, die man jedes Jahr aufs Neue anders dekorieren kann

Wir haben für unsere Sterne Kupferdraht verwendet, damit sie stabil sind und im Freien nicht rosten. Wenn Sie die Adventssterne nachbauen wollen, brauchen Sie etwa 5 mm dicke Kupferdrahtstangen (gibt's im Metall-Fachhandel). Die Nahtstellen haben wir vom Schweißer zusammenschweißen lassen – ein Aufwand, der sich allemal lohnt, denn diese Sterne sind nicht nur echte Eyecatcher, sondern auch originelle Unikate. Die Metallsterne sind mit verschiedenem Grün wie Tanne, Eibe und etwas Skimmie geschmückt. Vor dem Binden sollte man sie mit gummiertem Band umwickeln, damit die Zweige besser halten. Die grünen Prachtexemplare eignen sich als Tür- und Fensterschmuck, als weihnachtliche Garten-Deko oder auch als Alternative zum klassischen Adventskranz.

Kleinere Adventssterne, die man z.B. als Tischdekoration verwenden möchte, kann man auch einfach aus Metallkleiderbügeln formen (dafür am besten eine Vorlage auf Papier zeichnen) und mit verschiedenem Grün schmücken.

Eine gute Alternative zu Tannengrün

Mit Johanniskraut holt man sich festliche Farbtupfer ins Haus – ob als opulenter Blickfang in großen Gefäßen oder im Kleinformat für die Tischdekoration

Die meisten kennen Johanniskraut mit seinen sonnengelben Blüten als Heilpflanze – in der Volksmedizin wird sie zur Beruhigung und als Stimmungsaufheller eingesetzt. Unsere Johanniskraut-Art (Hypericum androsaemum) sorgt zwar auch für gute Laune, ist aber eine Deko-Pflanze, die man den ganzen Winter über im Blumenladen kaufen kann. Zerreibt man ihre Blätter und Stängel, tritt ein blutroter Saft aus. Volkstümlich heißt die Pflanze deshalb auch Blut-Johanniskraut oder Mannsblut. Der Gattungsname Johanniskraut bezieht sich auf den Johannistag, den 24. Juni, an dem das Kraut zu blühen beginnt.

Das brauchen Sie:
2 Steckschwämme (pro Gesteck; à ca. 25 x 12 cm) · Bleistift · Messer
Johanniskrautzweige (ca. 7 cm lang)

1 Die Steckschwämme etwa 1 Stunde wässern, bis sie sich komplett mit Wasser vollgesogen haben.

2 Die Schwämme zusammenlegen und mit Bleistift die Kontur eines Kegels aufzeichnen, sodass die Naht die Mitte bildet. Die Schwammteile mit einem scharfen Messer ausschneiden und jeweils abrunden. Die beiden Teile zum Kegel zusammensetzen.

3 Den Kegel an der Unterseite so zuschneiden, dass er in eine Vase oder ein Gefäß Ihrer Wahl passt. Rundum dicht mit Johanniskrautzweigen bestecken.

Damit die Miniaturbäumchen lange frisch bleiben, sollten Sie sie regelmäßig wässern. Sie können dazu die geschmückten Kegelhälften einfach in eine Schale mit Wasser legen, bis sie sich wieder vollgesogen haben.

Skimmie

Leuchtend rote Schönheit aus Fernost

Kirschlorbeer

Winterharter Verwandter der Rosen

Fichte

Der Deutschen liebstes Weihnachtsgrün

Buchs

Heckenklassiker und Balkonliebling

Efeu

Immergrüner Kletterkünstler

Eibe

Urgestein unter den Nadelbäumen

Eukalyptus

Wohlriechendes Gewächs aus »Down Under«

Tanne

Vielbesungener Christbaum-Renner

So kommen Sie auf einen grünen Zweig

Mit einem Rohling aus Stroh ist ein Adventskranz schnell selbst gebunden. Ein besonderer Blickfang an Tür- und Fensterrahmen ist aber auch eine Girlande aus frischem Immergrün, die Sie mit unserer Anleitung leicht nachmachen können

Das brauchen Sie:
Tannenzweige · Gartenschere · Sisalband
Weidenzweige · Bindedraht · Zange

1 Das Tannengrün auf die gleiche Länge schneiden. Das Sisalband mit einem Ende z. B. an einem Stuhl befestigen. Zwei Weidenzweige zum Stabilisieren an das Sisalband binden (später immer wieder neue Zweige ansetzen).

2 Mit Draht kleine Tannenzweigbündel fest rund um das Band und die Zweige wickeln, dabei sollten sich die Tannenbündel überlappen. So fortfahren, bis die Girlande die gewünschte Länge hat. Dies ist die Basis der Girlande. Damit sie schön füllig wird, eine zweite Lage Tannengrün auf die gleiche Weise anbringen.

3 So sollte die Girlande aussehen: dicht und fest gebunden, damit sie nicht zerfällt. Kombinieren Sie in der obersten Lage das Tannengrün ganz nach Lust und Laune mit Eibe, Skimmie, Efeu oder Kirschlorbeer (siehe Tableau links). Bei so viel grüner Abwechslung kann man dann auf weiteren Schmuck getrost verzichten.

Eine wirklich runde Sache

Adventskränze gehören zur Vorweihnachtszeit einfach dazu. Mit jeder Kerze, die neu angezündet wird, wächst die Vorfreude auf die Festtage. Manche Kränze sind wahre Schmuckstücke – vor allem, wenn man sie ganz individuell gestaltet

Man kann es sich kaum vorstellen, aber Adventskränze gibt es bei uns noch gar nicht lange. Erst im 19. Jahrhundert soll der Hamburger Pfarrer Johann Hinrich Wichern den ersten Kranz mit damals noch 24 Kerzen aufgehängt haben – die vier Sonntagskerzen waren aber bereits größer als die anderen. Immergrün und Kerzen haben dagegen eine viel längere Geschichte. Schon im antiken Rom war es Brauch, die Häuser Mitte Dezember zum Fest der Saturnalien mit grünen Zweigen und Kerzen zu schmücken. Von jeher steht Grün für das Leben, und Kerzen symbolisieren die Hoffnung auf eine neue, hellere Zeit – das Licht, das in der Weihnachtsnacht die Welt erleuchtet. Abgesehen von ihrer Symbolkraft sind Adventskränze vor allem aber auch ein stimmungsvoller Blickfang, den man ganz individuell auf seinen Wohnstil abstimmen kann.

Gold ist die ideale Weihnachtsfarbe – diese Kugeln kommen garantiert nicht aus der Mode. Wenn Sie dazu dezente Cremetöne wählen und die Logenplätze für Glitzervögel reservieren, passt dieser Adventskranz zu jedem Einrichtungsstil.

Ein Hauch von Silber ist genau das Richtige, wenn Sie Weihnachten elegant feiern wollen. Dazu edle Kugeln in Weiß und Schwarz mit zartem Glitzer und weiße Satinschleifen. Den letzten Schliff bekommt der Kranz durch ein Schneespray-Finish.

Mit verschiedenem Grün gebundene Kränze benötigen gar nicht mehr viel Schmuck. Selbst gebackene Deko-Lebkuchen (siehe S. 92) harmonieren perfekt mit Sternanis und Zimtstangen und lassen Sie die Adventszeit mit allen Sinnen genießen.

Adventsbrunch

Bunt aufgetischt

Gemütlichkeit wird in der kalten Jahreszeit ganz groß geschrieben. Und gerade ein Brunch ist ideal, um sich in entspannter Atmosphäre mal wieder richtig mit Familie und Freunden auszutauschen und dabei in aller Ruhe zu schlemmen.

Für liebe Gäste nur das Beste

Nichts ist schöner, als sich im Advent mit Verwandten und Bekannten eine köstliche Auszeit zu nehmen – vor allem, wenn man alles in Ruhe vorbereiten kann

Blätterteigecken mit Steinpilzfüllung

Zutaten für 8 Stück:
4 Tiefkühl-Blätterteigscheiben · ca. 30 g getrocknete Steinpilze
1 Schalotte · 1 Knoblauchzehe · 20 g Schinkenspeck · 1–2 EL Öl
1 kleiner Rosmarinzweig · je 1/2 TL getrockneter Thymian und Majoran · 1/2 TL mittelscharfer Senf · 1 EL gehackte Petersilie
1 TL Zitronensaft · 1 Msp. abgeriebene Bio-Zitronenschale · Salz
Pfeffer aus der Mühle · frisch geriebene Muskatnuss · 2 EL Olivenöl · Mehl für die Arbeitsfläche · 1 Eigelb · 1 EL Sahne

1 Den Blätterteig auftauen lassen. Die Steinpilze kalt abbrausen und in einer Schüssel in etwa 300 ml heißem Wasser 20 Minuten einweichen. Dann 55 g Steinpilze abwiegen.

2 Die Schalotte und den Knoblauch schälen und in feine Würfel schneiden. Von dem Speck die Schwarte entfernen und den Speck klein schneiden. Die Pilze ausdrücken und ebenfalls klein schneiden. Das Öl in einer Pfanne erhitzen und Schalotte, Knoblauch und Speck darin andünsten. Die Pilze und die Kräuter dazugeben und mitdünsten.

3 Den Senf unterrühren und zuletzt die Petersilie hinzufügen. Das Pilzgemüse mit Zitronensaft und -schale, Salz, Pfeffer und Muskatnuss abschmecken. Den Rosmarin wieder entfernen. Das Pilzgemüse mit dem Olivenöl im Blitzhacker nicht zu fein zerkleinern. Den Backofen auf 200 °C vorheizen. Ein Backblech mit Backpapier auslegen.

4 Die aufgetauten Blätterteigscheiben auf der bemehlten Arbeitsfläche dünn ausrollen und in der Mitte halbieren, sodass 8 Quadrate à 12 x 12 cm entstehen. Das Eigelb mit der Sahne verquirlen und die Teigränder damit bestreichen. In die Mitte der Quadrate je 1 bis 2 TL Steinpilzfüllung geben und den Teig darüber zu Dreiecken falten. Die Ränder gut andrücken und die Blätterteigecken mit dem verquirlten Eigelb bestreichen. Auf das Blech setzen und im vorgeheizten Ofen auf der mittleren Schiene etwa 15 Minuten goldbraun backen. Die gefüllten Blätterteigecken herausnehmen, abkühlen lassen und servieren.

Mini-Schnitzel auf Kartoffelsalat

Zutaten für 20 Stück:
600 g Bio-Kartoffeln (festkochend, z. B. Bamberger Hörnchen)
Salz · 60 g rote Schalotten · 1–2 EL Öl · 1 EL mittelscharfer Dijon-Senf · 40 ml Estragonessig · ca. 100 ml Geflügelfond
Pfeffer aus der Mühle · frisch geriebene Muskatnuss · 100 ml Öl
1 Handvoll Rucola · 1/4 Bund Schnittlauch · 2 dünne Kalbsschnitzel (à ca. 150 g) · 4 EL Mehl · 2 Eier · 6 EL Paniermehl
4 EL Butterschmalz

1 Für den Salat die Kartoffeln waschen und mit der Schale in einem Topf in Salzwasser garen. Die Schalotten schälen und in feine Würfel schneiden. Das Öl in einer Pfanne erhitzen und die Schalottenwürfel darin glasig dünsten. Den Senf unterrühren und mit dem Essig ablöschen. Den Geflügelfond dazugießen und alles aufkochen lassen. Die Schalottenmarinade beiseitestellen und abkühlen lassen.

2 Die Kartoffeln abgießen, kurz abdampfen lassen, pellen und in dünne Scheiben schneiden. In eine Schüssel geben, mit der Marinade übergießen und gut mischen. Den Kartoffelsalat mit Salz, Pfeffer und Muskatnuss abschmecken.

3 Das Öl hinzufügen und den Salat nochmals vorsichtig durchmischen. Falls nötig, noch etwas Brühe oder Essig unterrühren. Rucola und Schnittlauch waschen, trocken schütteln und in feine Streifen bzw. Röllchen schneiden. Kurz vor dem Servieren unter den Salat heben.

4 Für die Schnitzel die Kalbsschnitzel mit Salz und Pfeffer würzen und in 20 Streifen schneiden. Die Fleischstreifen zuerst im Mehl wenden, dann durch die verquirlten Eier ziehen und zuletzt mit dem Paniermehl panieren.

5 Das Butterschmalz in einer Pfanne erhitzen, die Mini-Schnitzel darin auf beiden Seiten etwa 4 Minuten goldbraun braten. Aus der Pfanne nehmen und auf Küchenpapier abtropfen lassen. Den Kartoffelsalat auf Esslöffel verteilen, die Mini-Schnitzel darauflegen und nach Belieben mit Zitronenspalten servieren.

Kleinigkeiten, die das Herz erfreuen

Das A & O beim Adventsbrunch sind die »Ahs« und »Ohs« der Gäste: Mit diesem pikanten Fingerfood werden Sie garantiert Applaus ernten

Mini-Quiches mit Lachs

Zutaten für 4 Stück:
300 g Mehl · 1 TL Backpulver · 1 Ei (Zimmertemperatur)
220 g kalte Butter · Salz · Butter und Mehl für die Formen
200 g Mangoldblätter (ca. 280 g) · 6–7 Frühlingszwiebeln
1 TL Butter · 1 EL Öl · ca. 8 Dillstiele · 100 g saure Sahne
200 g Sahne · 3 Eigelb · 1 EL mittelscharfer Dijon-Senf
1–2 EL Zitronensaft · Pfeffer aus der Mühle · 2 geräucherte Lachsforellenfilets (ca. 180 g)

1 Das Mehl, das Backpulver, das Ei, die Butter in Stücken und 1 TL Salz auf der Arbeitsfläche mit den Händen zu einem glatten Teig verkneten. Den Teig zu einer Kugel formen, in Frischhaltefolie wickeln und 1 Stunde kühl stellen.

2 Vier Tarteformen (à 16 cm ⌀) einfetten und mit Mehl bestäuben. Den Teig durchkneten, vierteln und jeweils 1/2 cm dick ausrollen. Die Formen damit auskleiden, dabei einen 1 cm hohen Rand formen, Boden mit einer Gabel einstechen.

3 Den Mangold putzen, waschen und in etwa 1 cm breite Streifen schneiden, dabei den Strunk entfernen. Die Blätter in kochendem Salzwasser 3 Minuten blanchieren. Abgießen, kalt abschrecken und gut ausdrücken. Die Frühlingszwiebeln putzen, waschen und in feine Ringe schneiden. Die Butter und das Öl in einer Pfanne erhitzen und die Frühlingszwiebeln darin andünsten. Den Mangold kurz mitdünsten und die Pfanne vom Herd nehmen.

4 Den Backofen auf 180 °C vorheizen. Den Dill waschen und trocken schütteln, die Spitzen abzupfen und fein schneiden. In einer Schüssel die saure Sahne, die Sahne, die Eigelbe, den Senf, den Zitronensaft und den Dill gut verrühren und den Guss mit Salz und Pfeffer abschmecken.

5 Die Lachsforellenfilets von Gräten befreien und in kleine Stücke schneiden. Die Mangoldmischung und die Lachsforellenfilets gleichmäßig auf die Tarteformen verteilen und den Dill-Sahne-Guss darübergießen. Die Quiches im vorgeheizten Ofen auf der mittleren Schiene etwa 25 Minuten backen. Herausnehmen, lauwarm abkühlen lassen und servieren.

Ziegenkäse-Pumpernickel-Sterne

Zutaten für ca. 10 Stück:
150 g Ziegenfrischkäse · 2 TL Nuss-Trüffel-Pesto (z. B. von Véronique Witzigmann Buffet) oder 1 TL fein gehackter schwarzer Trüffel und 1 TL Trüffelöl · Salz · Pfeffer aus der Mühle
250 g Pumpernickelscheiben · 5–6 EL gemahlene Haselnüsse

1 Den Ziegenfrischkäse in einer Schüssel mit einer Gabel zerdrücken. Das Pesto oder den Trüffel mit dem Trüffelöl gut untermischen und die Käsemasse mit Salz und Pfeffer würzen. Zu einer 4 cm dicken Rolle formen und fest in Frischhaltefolie wickeln. Kurz im Tiefkühlfach anfrieren lassen.

2 Aus den Pumpernickelscheiben mit sternförmigen Ausstechern (etwa 6 cm ⌀) Sterne ausstechen. Die Käsemasse aus der Folie wickeln und in etwa 1/2 cm dicke Scheiben schneiden. Die Käsescheiben vorsichtig in den Haselnüssen wälzen und je 1 Scheibe auf einen Brotstern setzen.

Gut vorzubereiten: Die Ziegenkäserollen können Sie schon am Vorabend zubereiten und in Frischhaltefolie verpackt über Nacht im Kühlschrank aufbewahren.
Wer möchte, gibt auf die fertigen Pumpernickelsterne noch jeweils 1 kleinen Klecks Rotes Johannisbeergelee.

Butterwaffeln mit Crème fraîche

Ein wahres Fest: Heiße Waffeln mit Kompott und Eis – da greifen alle gern zu

1 Die Butter in einer Schüssel mit den Quirlen des Handrührgeräts cremig rühren. Den Puderzucker sieben und etwa 2 EL beiseitestellen.

2 Den restlichen Puderzucker und den Vanillezucker zur Butter geben und weiterrühren, bis die Masse dick und hellcremig ist. Dann nach und nach die Eigelbe unterrühren. Die Crème fraîche mit dem Teigschaber unterziehen.

3 Die Eiweiße steif schlagen, dabei den beiseitegestellten Puderzucker einrieseln lassen. Das Mehl sieben und abwechselnd mit dem Eischnee unter die Buttermasse heben. Zum Schluss die Zitronenschale unterrühren.

4 Das Waffeleisen mit Öl oder zerlassener Butter bestreichen, erhitzen und auf die mittlere Heizstufe stellen. Den Waffelteig portionsweise auf dem heißen Waffeleisen verteilen, das Eisen schließen und aus dem Teig nach und nach goldbraune Waffeln backen.

Zutaten für ca. 6 Stück:
125 g weiche Butter · 60 g Puderzucker · 1 Päckchen Bourbon-Vanillezucker · 3 Eigelb (Zimmertemperatur) · ca. 80 g Crème fraîche · 3 Eiweiß · 125 g Mehl · abgeriebene Schale von 1/4 Bio-Zitrone · Fett für das Waffeleisen

Zu den Waffeln passen Sauerkirschkompott und Glühweineis hervorragend. Sie können aber auch Birnenscheiben in etwas Butter andünsten und mit Honig, Zimt und abgeriebener Bio-Zitronenschale aromatisieren. Etwas weihnachtlicher wird der Teig, wenn Sie noch 1/2 EL Lebkuchengewürz unterrühren.

Sauerkirschkompott

Zutaten für ca. 300 g Kompott:
300 g Tiefkühl-Sauerkirschen · 150 ml ungesüßter Kirschsaft (aus dem Bio-Laden) · 150 ml Rotwein · 100 ml roter Portwein
1/2 Vanilleschote · 2 EL brauner Zucker · 1 Zimtstange
1 Scheibe Bio-Orange (ca. 1 cm dick) · 2 Pimentkörner
2 Gewürznelken · 1 Msp. zerdrückte Kardamomkapsel

1 Die Kirschen auftauen lassen. Den Kirschsaft, den Rotwein und den Portwein in einem Topf zum Kochen bringen und etwa 15 Minuten köcheln lassen, bis die Flüssigkeit auf etwa 100 ml eingekocht ist.

2 Die Vanilleschote längs aufschneiden und das Mark herauskratzen. Den braunen Zucker mit der Vanilleschote und dem -mark, dem Zimt, der Orangenscheibe sowie den restlichen Gewürzen in den Weinsud geben und so lange kochen lassen, bis sich der Zucker aufgelöst hat. Den Gewürzsud durch ein Sieb in eine Schüssel oder ein hohes Glas gießen und die aufgetauten Sauerkirschen unterrühren.

Glühweineis

Zutaten für ca. 650 ml Eis:
600 ml Glühwein (siehe z. B. Rezept S. 47) · 120 g Puderzucker
Mark von 1 Vanilleschote · etwas abgeriebene Bio-Orangenschale · 1 Zimtstange · 250 g kalte Butter (in Stücken)
2 Eier (Zimmertemperatur)

1 In einem Topf 400 ml Glühwein auf die Hälfte einkochen und etwas abkühlen lassen. Die Glühweinreduktion in einer Metallschüssel im heißen Wasserbad mit dem restlichen Glühwein, dem Puderzucker, dem Vanillemark, der Orangenschale und dem Zimt aufkochen und etwa 6 Minuten kochen lassen. Die Zimtstange wieder entfernen.

2 Die kalte Butter mit dem Schneebesen unter die heiße Glühweinmasse rühren, die Schüssel aus dem Wasserbad nehmen und die Masse etwas abkühlen lassen. Nacheinander die Eier unterrühren – die Masse darf nicht mehr zu heiß sein, damit die Eier nicht gerinnen. Die Schüssel wieder auf das warme Wasserbad stellen, die Masse 4 bis 5 Minuten schaumig schlagen und durch ein Sieb gießen.

3 Die Glühweinmasse in der Eismaschine cremig gefrieren lassen. Oder in eine flache Metallschüssel füllen, etwas abkühlen lassen und im Tiefkühlfach etwa 4 Stunden gefrieren. Die Schüssel dann zwischendurch öfter herausnehmen und das Glühweineis mit einer Gabel durchrühren, damit es schön cremig wird.

Glühweingewürz
Zartbitterschokolade
Gugelhupf
Rotwein
Gewürznelken
Weihnachtliche Gewürze

Mini-Gugelhupf mit Glühwein

Egal, ob die Gäste beim Naschen gleich in die Vollen gehen oder brav bis zum Schluss warten: Diese Küchlein schmecken zu Kaffee, Tee, Sekt und Prosecco

Zutaten für 1 großen oder 3 kleine Kuchen:
600 ml Rotwein · 1/2 Vanilleschote · 1 EL Glühweingewürz (z. B. von Ingo Holland) · 1 Zimtstange · 2 Gewürznelken
Butter und Mehl für die Formen · 250 g Puderzucker
250 g weiche Butter · 5 Eier · 150 g Zartbitterschokolade
je 70 g gemahlene Haselnüsse und Mandeln · 1 TL Zimtpulver
1/4 TL abgeriebene Bio-Orangenschale · 3–4 Tropfen Bittermandelöl · 2 cl brauner Rum · Nelkenpulver · 350 g doppelgriffiges Mehl (Wiener Griessler) · 1 Päckchen Backpulver

1 Für den Glühweinsud den Rotwein in einen Topf gießen. Die Vanilleschote längs aufschneiden, das Mark herauskratzen und beiseitelegen. Vanilleschote, Glühweingewürz, Zimt und Nelken zum Wein geben und den Sud langsam bei schwacher Hitze auf 70 ml einkochen lassen. Den Glühwein durch ein Sieb gießen und beiseitestellen.

2 Eine Gugelhupfform (17 cm ø) oder 3 Mini-Gugelhupfformen (à 10,5 cm ø) einfetten und mit Mehl bestäuben. Den Backofen auf 170 °C vorheizen. Den Puderzucker in eine Schüssel sieben, 3 EL abnehmen und beiseitestellen. Die Butter und das beiseitegelegte Vanillemark zum Puderzucker geben und alles mit den Quirlen des Handrührgeräts schaumig rühren. Die Eier trennen und nach und nach die Eigelbe unter die Buttermasse rühren. Die Schokolade grob hacken. Mit Nüssen, Mandeln, Zimt, Orangenschale, Bittermandelöl, Rum und 1 Prise Nelkenpulver in die Schüssel geben und unterheben.

3 Die Eiweiße steif schlagen, dabei nach und nach den beiseitegestellten Puderzucker einrieseln lassen. Das Mehl mit dem Backpulver mischen und sieben. Den Eischnee und die Mehlmischung abwechselnd portionsweise unter die Buttermasse heben, den Teig in die Formen füllen. Im vorgeheizten Ofen auf der mittleren Schiene 45 Minuten backen (die kleinen Kuchen 30 bis 35 Minuten backen, bei beiden Varianten Stäbchenprobe machen! Siehe Tipp S. 111).

4 Die Kuchen herausnehmen, kurz abkühlen lassen und den Boden mit reichlich Glühwein beträufeln. Stürzen und nach Belieben mit Puderzucker bestäubt servieren.

Geschenke verpacken

Haute Couture unterm Weihnachtsbaum

Was ist (fast) noch schöner, als Geschenke auszupacken? Geschenke einpacken – denn das ist ein Weihnachtsritual, das richtig Spaß macht. Mit jedem Bogen Papier und mit jeder gebundenen Schleife wächst die Vorfreude auf den Weihnachtsabend und die glücklichen Gesichter der Beschenkten.

Festliche Kartons

Der erste Eindruck ist entscheidend – das gilt auch für Geschenke. Bestimmt haben Sie sich lange überlegt, was Sie wem schenken wollen, waren ewig in der Stadt unterwegs und haben sich große Mühe beim Aussuchen gegeben. Jetzt kommt es darauf an, das Geschenk perfekt zu verpacken.

Meist wird selbst hochwertiges Geschenkpapier, wenn es seine Schuldigkeit getan hat, nach den Feiertagen gleich entsorgt. Deshalb haben wir uns eine elegante Recycling-Methode einfallen lassen. Wenn Sie unsere festlichen Geschenkkartons basteln, dürfen Sie beim Aussuchen des Papiers ruhig zu den edelsten Bögen greifen – denn die beklebten Kartons können auf vielerlei Weise wiederverwendet werden.

Papier in leuchtenden Rottönen ist für die Päckchen ganz besonders gut geeignet, da es festlich und weihnachtlich aussieht. Achten Sie darauf, dass das Papier nicht zu dünn ist, damit es sich gut verarbeiten lässt und nicht reißt, wenn Sie die Kartons weiter benutzen wollen. Lackpapier eignet sich übrigens nicht zum Bekleben der Kartons – es sieht zwar dekorativ aus, bricht aber leicht an den Knickkanten.

Das brauchen Sie:
Schuh- oder andere Kartons · Geschenkpapier · Bleistift · Lineal Schere · Cuttermesser · Doppelklebeband

1 Die Umrisse der Bodenfläche und des Deckels der zu beklebenden Kartons auf der Rückseite des Geschenkpapiers mit Bleistift markieren. Für die Verkleidung der Seitenwände außen und innen die Höhe abmessen, entsprechend Papier zugeben und einzeichnen (also pro Seite zweimal die Höhe). Das Papier so zuschneiden, dass man ein Rechteck erhält.

2 An den Ecken des Rechtecks mit dem Cuttermesser jeweils ein kleines längliches Dreieck herausschneiden. So können Sie das Papier leichter nach innen falten, ohne dass es dabei Falten wirft.

3 An den Kanten der Kartons Doppelklebeband in Streifen ankleben und das Papier sorgfältig andrücken. Geübte können das Papier auch mit Sprühkleber vollflächig aufkleben. Zum Verschönern der Innenseiten von Boden und Deckel nach Belieben die Fläche ausmessen und mit dem Cuttermesser aus farblich passendem Tonpapier Stücke zuschneiden und einkleben.

Wundertüten zum Staunen

Es gibt viele Geschenke, die sich leider nur schwer verpacken lassen. Hier kommen unsere selbst gefalteten Wundertüten zum Einsatz: Sie sehen edel aus und hüten ihr Geheimnis bis zum Schluss

Das brauchen Sie:
Geschenkpapierbögen (DIN A2 oder DIN A1; stärkere Papierqualität) · Doppelklebeband · Schere · Geschenkbänder

1 Für jede Tüte einen Geschenkbogen quer vor sich legen und so von links nach rechts falten, dass an der rechten Seite ein etwa 2 cm breiter Rand bleibt. Diesen Rand nach oben umfalten und mit Klebeband fixieren.

2 Für die Breite der Tüte das Papier nun rechts und links etwa 5 cm zur Mitte hin falten. Diesen Rand wieder nach außen klappen, das Papier umdrehen und den Vorgang wiederholen. Danach die beiden Seiten wie ein V bis zur entstandenen Falzkante nach innen drücken.

3 Nun für den Boden das Papier an der Unterseite 10 cm nach oben falten, mit dem Daumen an der Falzkante entlangdrücken. Das Papier wieder nach unten klappen, umdrehen und den Vorgang wiederholen. Das ist wichtig, damit sich der Boden später gut nach innen legen lässt.

4 Das Papier wieder nach vorn drehen, die beiden unteren Ecken bis zum entstandenen Querfalz nach oben falten und die Knickkante ebenfalls mit dem Daumen andrücken. Die Ecken wieder zurückklappen, das Papier umdrehen und den Vorgang wiederholen.

5 Nun die Tüte an der Unterseite öffnen und die Ecken an den entstandenen Knickfalten nach innen umlegen. Zum Schließen des Bodens die Längsseiten nach innen klappen und mit Klebeband fixieren.

6 Nach dem Befüllen der Tüte den oberen Teil etwa 10 cm umschlagen und mit einem Geschenkband verzieren.

Maßgeschneiderte Geschenkanzüge

Wer bei Filz nur an Pantoffeln denkt, ist selbst schuld. Dieses Material fühlt sich gut an, lässt sich einfach verarbeiten und sieht elegant aus

Das brauchen Sie:
Filz (2 mm dick) · Zickzack-Schere · Stecknadeln · Nähmaschine Nähgarn · Geschenkbänder

1 Aus dem Filz mit der Zickzack-Schere ein etwa 39 x 16 cm großes Rechteck ausschneiden.

2 Das Filz-Rechteck längs vor sich legen, die Unterseite 14 cm nach oben schlagen und mit Stecknadeln feststecken, sodass eine Tasche entsteht.

3 Mit der Nähmaschine die Seiten zunähen. Die Tasche füllen, das überstehende obere Filzteil nach unten umklappen und die Tasche mit einem Geschenkband verschließen. Zum Wiederverschließen können Sie auch eine kleine Schlaufe und einen Knopf bzw. einen Druckknopf annähen.

Wenn Sie die Taschen größer nähen, kann man sie nach Weihnachten prima als Buch- oder DVD-Hülle nutzen. Außerdem eignen sich diese Taschen super zur Aufbewahrung von Schmuck und Kosmetik.

2 CD
aus der TV · Werbung

Lebkuchen

Süß, anhänglich und zum Anbeißen

Im Advent duftet es im ganzen Haus nach Honig, Zimt und Anis. Damit garantiert keine Naschkatze leer ausgeht, sollten Sie unbedingt einen großen Vorrat an Lebkuchen backen. Und lassen Sie sich Zeit bei der Zubereitung, denn »gut Lebkuchen will Weile haben«.

Lebkuchen mit Honigmarzipan

Ob Honigküchlein, Nürnberger oder Früchteschnitten – alle lieben Lebkuchen! Die Zubereitung ist zwar etwas aufwendig, aber die Mühe lohnt sich allemal

Zutaten für ca. 50 Stück:
250 g Zucker · 250 g Honig · je 20 g Zitronat und Orangeat (aus dem Bio-Laden) · 50 g Honigmarzipan (beste Qualität, aus dem Bio-Laden) · 160 g geschälte gemahlene Mandeln ca. 1 TL abgeriebene Bio-Zitronenschale und -Orangenschale $^{1}/_{2}$ TL gemahlener Anis · 1 EL Zimtpulver · $^{1}/_{2}$ TL Nelkenpulver 2 Msp. gemahlener Kardamom · frisch geriebene Muskatnuss 1 Päckchen Bourbon-Vanillezucker · 15 g Pottasche · 5 g Hirschhornsalz · 510 g Mehl · Mehl für die Arbeitsfläche · Milch zum Bestreichen

1 Den Zucker und $^{1}/_{8}$ l Wasser in einer Metallschüssel im heißen Wasserbad aufkochen und den Zucker darin schmelzen lassen, dabei ständig mit dem Schneebesen rühren. Die Schüssel aus dem Wasserbad nehmen, den Zuckersirup kurz abkühlen lassen und den Honig unterrühren.

2 Das Zitronat und Orangeat mit einem scharfen Messer sehr fein hacken und in eine Schüssel geben. Das Marzipan klein schneiden und mit Mandeln, Zitronen- und Orangenschale, Anis, Zimt, Nelkenpulver, Kardamom, 1 Prise Muskatnuss, Vanillezucker, Pottasche und Hirschhornsalz ebenfalls in die Schüssel geben. Alles gut mischen.

3 Das Mehl sieben und portionsweise mit dem Schneebesen unter die Honigmischung rühren. Die Honig-Mehl-Mischung zum Gewürz-Marzipan geben und gut verkneten. Falls nötig, noch etwa 30 g Mehl unterkneten. Den Teig zu einer Kugel formen und in der Schüssel bei Zimmertemperatur zugedeckt 3 bis 4 Stunden ruhen lassen.

4 Den Backofen auf 160 °C vorheizen. Ein Backblech mit Backpapier auslegen. Den Teig auf der bemehlten Arbeitsfläche etwa $^{1}/_{2}$ cm dick ausrollen und mit verschiedenen Ausstechformen Figuren ausstechen oder den Teig in Rechtecke schneiden. Die Lebkuchen auf das Blech legen und rundum mit einem Pinsel mit etwas Milch bestreichen, damit die Oberfläche glatt wird. Die Lebkuchen im vorgeheizten Ofen auf der mittleren Schiene 15 Minuten backen.

5 Die Lebkuchen herausnehmen und auf dem Kuchengitter abkühlen lassen. Ganz nach Belieben mit Zuckerguss, geschmolzener Schokolade, gehackten Pistazien, Nüssen oder Zuckerperlen verzieren und vor dem Verzehr am besten 1 bis 2 Tage ruhen lassen. Die Lebkuchen in einer verschließbaren Blechdose aufbewahren und nach Belieben 1 bis 2 Apfelspalten dazugeben, damit die Lebkuchen weich bleiben.

Deko-Lebkuchen für den Weihnachtsbaum

Als Baumschmuck lassen Pfefferkuchen Kinderherzen höher schlagen. Einziger Nachteil: Sie werden vermutlich nicht allzu lange hängen bleiben

Für Deko-Lebkuchen können Sie einfach fertigen Lebkuchenteig aus dem Kühlregal kaufen, ausrollen und mit verschiedenen Ausstechern oder selbst gemachten Schablonen Figuren und Ornamente ausstechen oder -schneiden. Die Lebkuchen rundum mit Milch bestreichen und nach Packungsanweisung backen. Vergessen Sie nicht, jeweils ein kleines Loch in die Lebkuchen zu stanzen, damit man sie später aufhängen kann. Die ausgekühlten Küchlein mit einer Zuckerspritzglasur verzieren: Dafür 250 g gesiebten Puderzucker und 1 Eiweiß in einer Schüssel mit dem Schneebesen zu einem festen Guss verrühren, 1 bis 2 Tropfen Zitronensaft hinzufügen. Den Guss in einen Gefrierbeutel füllen, am unteren Ende eine kleine Ecke abschneiden und die Lebkuchen mit Wellenlinien, Sternen etc. verzieren. Nach Belieben silberne Zuckerperlen daraufsetzen. Die Glasur trocknen lassen und Bänder durch die Löcher ziehen.

Feigenlebkuchen nach Großmutters Art

Ein Hoch auf die gute alte Zeit: Dieses Rezept stammt aus der traditionellen Backstube, ist mit viel Liebe entwickelt und steckt voller hochwertiger Zutaten

Zutaten für 1 Backblech:
60 g Honig · 4 Eier · 100 g getrocknete Soft-Feigen · 3 cl brauner Rum · 60 g Walnüsse · 40 g gemahlene Haselnüsse
1 Päckchen Bourbon-Vanillezucker · je 100 g Bio-Zitronat und -Orangeat · 320 g Roggenmehl (Type 1150) · 300 g brauner Zucker
1/2 TL Natron · abgeriebene Schale von je 1/4 Bio-Zitrone und -Orange · 4 TL Zimtpulver · je 1 TL gemahlener Anis und Nelkenpulver · 1/2 TL gemahlener Kardamom · 3 TL Ginger Nut Sirup (aus dem Asien-Laden)

1 Den Honig schmelzen und abkühlen lassen. Die Eier verquirlen, mit dem Schneebesen unter den lauwarmen Honig rühren und die Masse kurz aufschlagen. Die getrockneten Feigen klein schneiden und im Rum einweichen.

2 Die Walnüsse hacken und mit den Haselnüssen in einer Pfanne ohne Fett anrösten, den Vanillezucker unterrühren und die Pfanne vom Herd nehmen. Das Zitronat und das Orangeat mit einem scharfen Messer sehr fein hacken. In einer großen Schüssel Mehl, Zucker, Natron, Zitrusschalen, Zimt, Anis, Nelkenpulver und Kardamom gut mischen. Dann die Feigen mit dem Rum, die Nüsse, das Zitronat, das Orangeat und den Sirup unterrühren. Zuletzt die Honig-Eier-Masse dazugeben und alles gut zu einem klebrigen Teig verkneten. Zugedeckt bei Zimmertemperatur 3 bis 4 Stunden ruhen lassen. Den Backofen auf 160 bis 170 °C vorheizen.

3 Den Teig zwischen zwei Bögen Backpapier auf Größe des Backblechs etwa 1/2 cm dick ausrollen und mit dem unteren Backpapier auf das Blech legen. Im vorgeheizten Ofen auf der mittleren Schiene 20 bis 25 Minuten backen. Herausnehmen, abkühlen lassen und in Rechtecke schneiden. Die Lebkuchen in einer verschließbaren Blechdose aufbewahren.

Süßes Winterdorf zum Vernaschen

Für angehende Architekten: Beim Basteln dieses Knusper-Dörfchens sind kreativen Köpfen keine Grenzen gesetzt. Da fühlen sich nicht nur die süßen Bewohner wohl

Zutaten für 1 Dorf:
250 g Puderzucker · 1 Eiweiß · 1–2 Tropfen Zitronensaft · 1–2 Packungen Dominosteine · 1–2 Packungen runde Schokoladenlebkuchen · 1 Packung Butterkekse
Süßwaren in Miniaturausgabe (z. B. Gummibärchen, bunte Lakritzmischung, Smarties, Fruchtgummis)
Liebesperlen · silberne Zuckerperlen
gehackte Pistazien oder Nüsse · Krokant
bunter Zucker (aus dem Supermarkt)

1 Für die Spritzglasur den Puderzucker in eine Schüssel sieben. Das Eiweiß mit dem Schneebesen unterrühren und die Masse zu einer festen glatten Creme weiterrühren. Dann den Zitronensaft hinzufügen.

2 Die Dominosteine auf der Unterseite mit einem Messer oder Pinsel mit etwas Glasur bestreichen. Als Fundament jeweils 1 Dominostein in die Mitte eines Schokolebkuchens setzen.

3 Die Butterkekse ebenfalls mit Spritzglasur bestreichen, nach Lust und Laune mit den verschiedenen Süßigkeiten, Pistazien, Nüssen und Krokant verzieren und trocknen lassen.

4 Je 2 Butterkekse zu »Dächern« zusammensetzen, die Nahtstelle mit etwas Spritzglasur bestreichen und verzieren. Die Kekse mit einigen Tropfen Glasur auf den Lebkuchen und an den Dominosteinen befestigen.

5 Aus der Lakritzmischung je einen Kamin auf die Dächer setzen und Gartentore basteln. Mini-Gummibärchen als Dorfbewohner auf den Lebkuchen befestigen. Nach Belieben Honiglebkuchen in Tannenbaumform (siehe z. B. Rezept S. 90) mit Spritzglasur bestreichen, mit grünem Zucker bestreuen und als Wald-Deko neben die Häuschen stellen.

Weihnachtsbaum

Festlich herausgeputzt

Wenn Sie den perfekten Weihnachtsbaum für Ihr Zuhause gefunden haben, machen Sie ihn mit unseren Deko-Tipps zu etwas ganz Besonderem. Was glauben Sie, wie Ihre Lieben staunen werden, wenn der Baum sich einmal in einem völlig neuen Look präsentiert!

Edle Festtagsrobe für den Galaauftritt

Genauso wie wir uns selbst für die Feiertage gern schick machen, darf sich dieses Jahr der Baum komplett neu einkleiden

Das brauchen Sie:
Papier · Bleistift oder Schneiderkreide
Seiden- oder Satinstoff · Schere
Stecknadeln · Styroporkugeln
(à 10 cm Durchmesser) · Zackenlitze
oder Bänder in Gold

1 Nach der Vorlage auf S. 122 auf dem Stoff für jede Kugel 6 Blätter aufzeichnen und entsprechend ausschneiden.

2 Das erste Stoffblatt längs mit Stecknadeln an der Kugel fixieren, das zweite Blatt auf die gleiche Weise genau gegenüber anbringen. So weiterverfahren, bis die Kugel komplett mit Stoff bedeckt ist. Die Stoffteile sollten dabei leicht überlappen.

3 Zackenlitze oder Band oben an der Kugel feststecken. Entlang einer Naht der Stoffblätter längs rund um die Kugel legen, wieder oben feststecken und abschneiden. Das Band jetzt an der unteren Seite der Kugel feststecken und an einer zweiten Naht rundum entlanglegen. Eine dritte Litze wiederum von oben umlegen und feststecken. An der unteren Seite der Kugel zuletzt eine Aufhängschlaufe fixieren.

Diese edlen Kugeln sind leichter gemacht, als es aussieht. Vielleicht haben Sie ja sogar noch Stoffreste im Schrank, die sich für die Kugeln eignen. Oder Sie fragen im Fachhandel nach Reststücken von wertvollen Stoffen, die oft preiswert abgegeben werden. Achten Sie darauf, dass Sie einen Stoff nehmen, der nicht ausfranst – dann geht es gleich noch viel einfacher. Wer mag, kann die Kugeln zusätzlich mit einer Schmuckperle verzieren.

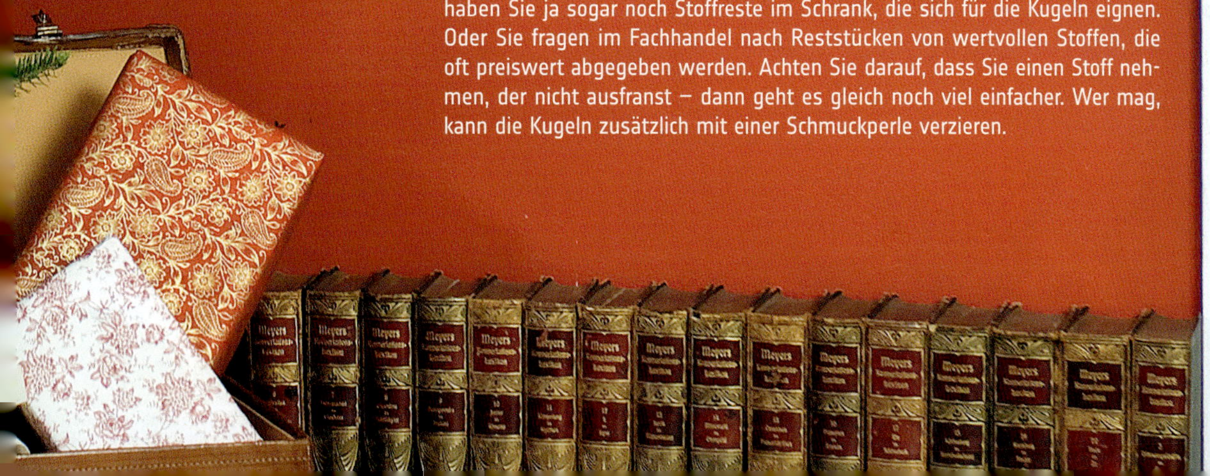

Accessoires für Weihnachtsbäume

Wer mit der Mode geht, sollte die neuesten Kugel-Trends nicht verpassen

Kugeln am Baum gibt es schon seit knapp 400 Jahren, aus Glas werden sie jedoch erst seit Mitte des 19. Jahrhunderts hergestellt. Die ersten Glaskugeln haben böhmische Handwerker in den Glashütten des Thüringer Walds produziert. Die Männer bliesen den Baumschmuck aus der zähflüssigen Glasschmelze, und in die erstarrten Kugeln füllten die Frauen eine chemische Mischung, die sich als silberner Film auf dem Glas niederschlug. Alljährlich gibt es neue Baumkugel-Trends. Der aktuellste: »Triumph and Trophy« – Schwarz und Weiß, Gold und Silber, edles Grau und viel Glamour.

30.

Die große Starparade

Wenn Frau Holle nicht mitspielt, kann man zumindest im Haus für weiße Weihnachten sorgen. Diese Papiersterne und -schneeflocken schmücken nicht nur den Baum, sondern auch jedes Fenster oder Ihren Weihnachtstisch. Let it snow!

Das brauchen Sie:
starkes weißes DIN-A4-Papier · Schere · Bleistift
Glitzerpulver · Sprühkleber · Bindfaden

1 Das Papier in der Mitte quer in 2 Teile schneiden. Das nun rechteckige Papier hochkant auf den Tisch legen und von der rechten oberen Ecke zur gegenüberliegenden Kante falten, sodass ein Dreieck entsteht. Das überstehende Papier abschneiden.

2 Das Dreieck noch einmal in der Mitte falten, sodass wiederum ein Dreieck entsteht. Nun die rechte Ecke von der oberen Spitze ausgehend knapp über die Papiermitte falten. Die linke Ecke über das soeben Gefaltete knicken. Das Papier umdrehen und die überstehenden Spitzen an der geraden Papierlinie abschneiden.

3 Mit Bleistift nach den Vorlagen auf S. 124 je nach gewünschtem Sternmuster die wegzuschneidenden Flächen einzeichnen und mit der Schere entsprechend zuschneiden. Das Glitzerpulver auf einen flachen Teller geben. Den Stern aufklappen, auf einer Seite mit Sprühkleber einsprühen und in den Glitter drücken. Trocknen lassen und an einer der Sternspitzen einen Bindfaden als Aufhänger anbringen.

Die Masse macht's: Bei diesen Papiersternen werden fleißige Bastler wirklich belohnt, denn je mehr Sterne im Baum hängen, umso imposanter ist die Wirkung. Da macht es dann auch nichts, wenn der eine oder andere Stern nicht hundertprozentig perfekt gelungen ist.

Weihnachtsmenüs

Alles für den kulinarischen Wunschzettel

Endlich ist es so weit! Wochenlang hat man auf den Heiligen Abend hingefiebert, und die Erwartungen sind groß. Da ist es ein Segen, wenn die Planung des Menüs bereits abgeschlossen ist. Falls nicht, finden hier auch Kurzentschlossene gute Anregungen.

Weihnachtsmenü – ganz klassisch

Mit dem witzigen Nudelsalat als Starter, einem traditionellen Entengericht als Hauptgang und einem cremigen Dessert halten Sie alle Trümpfe in der Hand

Nudelsalat mit gebratenen Gambas

Zutaten für 4 Personen:
6 Lasagneplatten · Salz · Öl · 300 g Garnelen · 1 Knoblauchzehe · 1 Stück Zitronengras (ca. 1 cm) · 1 EL Olivenöl
1 EL grüne Currypaste · 1/2 TL gehackter Ingwer
100 g Sahne · 2–3 Korianderstiele · 1 Msp. abgeriebene Bio-Limettenschale · 1 EL Fischsauce

1 Die Lasagneplatten in reichlich kochendem Salzwasser mit 1 Schuss Öl nach Packungsanweisung bissfest kochen. Die Nudeln herausnehmen, auf die Arbeitsfläche legen und mit einem Tannenbaumausstecher (9 cm Länge) 12 Bäume ausstechen. Einen Bogen Frischhaltefolie auf ein umgedrehtes Backblech spannen, mit etwas Öl bestreichen und die Nudelbäume darauflegen.

2 Die Garnelen schälen, am Rücken entlang einschneiden und den dunklen Darm entfernen. Die Garnelen kurz abbrausen und trocken tupfen. Den Knoblauch schälen und in feine Würfel schneiden. Das Zitronengras waschen und in dünne Ringe schneiden. Das Olivenöl in einer beschichteten Pfanne erhitzen und die Currypaste darin mit Knoblauch, Zitronengras und Ingwer anbraten, nach Belieben 1 kleine, fein gehackte Chilischote dazugeben. Die Garnelen hinzufügen und auf beiden Seiten jeweils etwa 3 Minuten braten. Vier Garnelen beiseitelegen, den Rest grob hacken oder im Blitzhacker grob zerkleinern, die Sahne untermischen. Den Koriander waschen, trocken schütteln, die Blätter abzupfen und hacken. Mit der Limettenschale unter die Farce mischen, sodass eine homogene Masse entsteht. Die Garnelenfüllung mit der Fischsauce und Salz abschmecken.

3 Je 1 Nudelbaum auf vier vorgewärmte Teller legen. Das Tannenbaumförmchen auf einen Baum setzen und gleichmäßig mit der Garnelenmasse füllen. Darauf wieder einen Nudelbaum legen und nochmals etwas Füllung daraufgeben, mit einem Nudelbaum abschließen. Die Nudeln und die Garnelenfüllung auf den restlichen Tellern ebenso aufschichten. Die beiseitegelegten Garnelen auf die Salattürmchen verteilen und um die Salate nach Belieben etwas Asia-Pesto (z. B. von Vëronique Witzigmann Buffet) träufeln.

Bananen-Lebkuchen-Mousse

Zutaten für 4 Personen:
200 g weiße Kuvertüre · 2 Blatt weiße Gelatine · Fruchtfleisch von 2 Bananen (ca. 200 g) · 100 ml frisch gepresster Orangensaft · Mark von 1/2 Vanilleschote · 1 TL Grand Marnier (franz. Orangenlikör) · 1 geh. TL Lebkuchengewürz
Nelken- und Zimtpulver · 500 g Sahne · 1 EL weißer Rum

1 Die Kuvertüre hacken und im heißen Wasserbad unter Rühren schmelzen und abkühlen lassen. Die Gelatine in kaltem Wasser einweichen. Das Bananenfruchtfleisch klein schneiden und in eine Schüssel geben. Den Saft, das Vanillemark, den Likör, das Lebkuchengewürz und je 1 Prise Nelken- und Zimtpulver hinzufügen, alles mit dem Stabmixer fein pürieren.

2 Die Sahne halbsteif schlagen. Den Rum in einem kleinen Topf erhitzen und die ausgedrückte Gelatine darin auflösen. 2 EL Sahne unterrühren und die Gelatinemischung unter die restliche Sahne heben. Nacheinander die Kuvertüre und das Bananenpüree unterziehen. Die Mousse 3 bis 4 Stunden kühl stellen. Von der Mousse Nocken abstechen und nach Belieben mit Zuckerfrüchten und Schokosternen garniert servieren.

Ente, Serviettenknödel und Rotkraut sind das perfekte kulinarische Weihnachts-Trio: Unsere Variante ist festlich raffiniert, aber keineswegs kompliziert

Gebratene Entenbrust

Zutaten für 4 Personen:
2 Entenbrustfilets (à 400 g; mit Haut)
Salz · Pfeffer aus der Mühle · 2 EL Honig (z. B. Thymianhonig) · 2 EL Aceto balsamico · 1 EL Sojasauce · 1 EL Orangensaft
4 Thymianzweige

1 Die Entenbrüste von Fett und Sehnen befreien und die Fleischseite mit Salz und Pfeffer würzen. Die Haut nach Belieben mit einem scharfen Messer rautenförmig einschneiden. Die Entenbrüste mit der Hautseite nach oben in einen tiefen Teller legen.

2 Den Honig, den Essig, die Sojasauce und den Orangensaft in einem kleinen Topf verrühren. Den Thymian waschen, trocken schütteln und dazugeben. Die Marinade unter gelegentlichem Rühren erwärmen, bis der Honig geschmolzen ist. Die Entenhaut mit der Marinade bestreichen und etwa 30 Minuten ziehen lassen.

3 Den Backofen auf 160 °C vorheizen. Eine ofenfeste beschichtete Pfanne ohne Fett erhitzen. Die Entenbrüste darin auf der Hautseite bei starker Hitze 7 bis 8 Minuten kräftig anbraten. Dann das Fleisch wenden und bei mittlerer Hitze weitere 2 Minuten braten.

4 Die Entenbrüste in der Pfanne im vorgeheizten Ofen auf der mittleren Schiene 5 bis 7 Minuten garen, sodass sie innen leicht rosa sind. Die Entenbrüste aus der Pfanne nehmen und schräg in Scheiben schneiden. Nach Belieben etwas Bratensatz und in Butter gebratene Apfelscheiben mit Apfel-Chutney (z. B. von Véronique Witzigmann Buffet) dazu servieren.

Serviettenknödel

Zutaten für 4 Personen:
250 g Toastbrot (ca. 10 Scheiben)
200 ml lauwarme Milch · 3 Eigelb
1 Schalotte · 1/2 Bund Petersilie
50 g Butter · 2 Eiweiß · Salz · Pfeffer aus der Mühle · frisch geriebene Muskatnuss

1 Das Toastbrot in etwa 1 cm große Würfel schneiden und in eine Schüssel geben. Die Milch mit den Eigelben verquirlen, das Brot mit der Mischung übergießen und darin einweichen.

2 Die Schalotte schälen und in feine Würfel schneiden. Die Petersilie waschen, trocken schütteln und fein hacken. Die Butter in einer Pfanne erhitzen und die Schalottenwürfel darin glasig dünsten. Die Petersilie dazugeben und kurz mitdünsten. Vom Herd nehmen und abkühlen lassen.

3 Die Eiweiße steif schlagen. Die Schalottenmischung unter die Brotmasse rühren, den Eischnee vorsichtig unterheben. Die Knödelmasse mit Salz, Pfeffer und Muskatnuss abschmecken.

4 Aus der Knödelmasse zwei Rollen formen. Die Knödelrollen jeweils sehr fest in ein großen Bogen Frischhaltefolie und anschließend in Alufolie wickeln, die Enden gut festdrehen und verschließen.

5 Die Knödelrollen in der Folie in kochendes Wasser legen und darin bei schwacher Hitze etwa 35 Minuten ziehen lassen.

6 Die Knödel herausheben, die Folien entfernen und die Knödel in Scheiben schneiden. Die Serviettenknödel zu der gebratenen Ente servieren.

Gewürzrotkraut

Zutaten für 4 Personen:
600 g Rotkohl · 3–4 Gewürznelken
1 Zimtstange · 1 Lorbeerblatt · 1 Apfel (z. B. Boskop) · Saft von 1/2 Zitrone und 1 1/2 Orangen · 60 g Zucker · 1/2 l trockener Rotwein · 1 rote Zwiebel · 2 EL Öl
2 EL Rotweinessig · 1 cl roter Portwein
Salz · Pfeffer aus der Mühle

1 Am Vortag den Rotkohl putzen, vierteln, den Strunk herausschneiden und die Kohlviertel in sehr feine Streifen schneiden. Das Rotkraut mit Nelken, Zimt und Lorbeerblatt in eine Schüssel geben.

2 Den Apfel schälen, entkernen und auf der Gemüsereibe grob in die Schüssel raspeln. Den Zitronensaft, den Saft von 1 Orange und 1 EL Zucker hinzufügen und alles gut mischen. Das Kraut mit 300 ml Rotwein übergießen und zugedeckt über Nacht ziehen lassen.

3 Am nächsten Tag die Zwiebel schälen und in feine Würfel schneiden. Das Öl in einer Pfanne erhitzen, die Zwiebelwürfel darin glasig dünsten und beiseitestellen.

4 Den restlichen Zucker in einem Topf mit 2 bis 3 EL Wasser bei schwacher Hitze karamellisieren.

5 Das Rotkraut mit den Gewürzen in den Topf zum Karamell geben. Zwiebelwürfel, Essig, Portwein sowie restlichen Orangensaft und Rotwein hinzufügen und alles 1 Stunde köcheln lassen. Nach Belieben 150 ml Geflügelfond angießen. Das Rotkraut nach 30 Minuten Garzeit mit Salz und Pfeffer würzen. Zuletzt nach Belieben mit etwas angerührter Stärke binden.

Edle Dorade mit starken Partnern: Kombiniert mit knusprigen Kartoffeln und buntem Gemüse, entfaltet der Fisch im Päckchen sein volles Aroma

Dorade Rosé

Zutaten für 4 Personen:
4 kleine Doraden Rosē (küchenfertig; ā ca. 200 g) · Salz · Pfeffer aus der Mühle
4 Petersilienstiele · 4 TL Butter · 4 eingelegte Sardellenfilets · 2 Bio-Zitronenscheiben · Olivenöl zum Bestreichen

1 Den Backofen auf 220 °C vorheizen. Die Doraden innen und außen waschen, trocken tupfen und innen mit Salz und Pfeffer würzen. Die Petersilie waschen und trocken schütteln. Die Bauchhöhlen der Doraden mit je 1 Petersilienstiel, 1 TL Butter, 1 Sardellenfilet und 1/2 Zitronenscheibe füllen.

2 Die Fische außen mit Olivenöl bestreichen und jeweils auf einen Bogen Backpapier legen. Das Papier jeweils zu Päckchen falten und gut verschließen. Die Päckchen nebeneinander in eine große ofenfeste Form legen und im vorgeheizten Ofen auf der mittleren Schiene etwa 30 Minuten garen.

3 Nach Ende der Garzeit die Fische aus dem Ofen nehmen, die Päckchen auf Teller setzen und erst am Tisch öffnen. Als Beilage zur Dorade Rosē servieren Sie am besten die Rosmarinkartoffeln, das Ratatouille-Gemüse und nach Belieben schwarze Oliven.

Eine andere Fisch-Variante ist eine im Ofen gegarte Lotte (ca. 600 g; Schwanzstück mit Knorpel). Den Fisch waschen, trocken tupfen, salzen, pfeffern und in einen Bräter legen. 2 bis 3 ungeschälte angedrückte Knoblauchzehen, je 2 bis 3 Thymian- und Rosmarinzweige, 2 bis 3 EL Olivenöl und 1 Stück Butter dazugeben und den Fisch offen im auf 220 °C vorgeheizten Ofen etwa 20 Minuten braten. Mit Zitronensaft beträufeln.

Ratatouille-Gemüse

Zutaten für 4 Personen:
1 kleine Aubergine (ca. 270 g) · Salz
1 Zucchino (ca. 270 g) · 350 g Fenchel
100 g Schalotten · 4 Knoblauchzehen
3–4 EL Olivenöl · 1 EL Tomatenmark
1/2 TL Paprikapulver (edelsüß)
15 schwarze Oliven (entsteint) · 1 Dose stückige Tomaten (420 g) · 50 ml trockener Weißwein · 1 cl Noilly Prat (franz. Wermut) · je 1 Thymian- und Rosmarinzweig · je 1 Salbei- und Lorbeerblatt
Pfeffer aus der Mühle · 1 Bund Petersilie

1 Die Aubergine putzen, waschen und in 2 cm große Würfel schneiden. In einer Schüssel mit Salz bestreuen und etwas Wasser ziehen lassen.

2 Den Zucchino und den Fenchel putzen, waschen und in Würfel schneiden. Die Schalotten und den Knoblauch schälen und in feine Würfel schneiden. Das Olivenöl in einer großen Pfanne erhitzen und die Schalotten und den Knoblauch darin glasig andünsten. Das Tomatenmark und das Paprikapulver hinzufügen und kurz mitdünsten.

3 Die Auberginenwürfel trocken tupfen und mit dem Zucchino, dem Fenchel, den Oliven und den Dosentomaten in die Pfanne geben. Das Gemüse unter Rühren etwas anbraten. Wein und Noilly Prat angießen. Die Kräuter waschen, trocken schütteln und mit dem Salbei und dem Lorbeer dazugeben. Das Gemüse zugedeckt bei schwacher Hitze 30 bis 40 Minuten schmoren.

4 Die ganzen Kräuter und Gewürze entfernen und das Ratatouille-Gemüse mit Salz und Pfeffer abschmecken. Die Petersilie waschen, trocken schütteln, die Blätter abzupfen und fein hacken. Das Gemüse damit bestreuen.

Rosmarinkartoffeln

Zutaten für 4 Personen:
600 g festkochende Kartoffeln · Salz
1 Rosmarinzweig · 3 EL Olivenöl
1 Knoblauchzehe · 1/2 Bund Petersilie
Pfeffer aus der Mühle

1 Die Kartoffeln schälen, waschen und in 1 cm große Würfel schneiden. Die Kartoffelwürfel in kochendem Salzwasser 2 bis 3 Minuten blanchieren. Abgießen und kurz abtropfen lassen.

2 Den Rosmarin waschen und trocken schütteln. Das Olivenöl in einer Pfanne erhitzen und die Kartoffelwürfel, den angedrückten ungeschälten Knoblauch und den Rosmarin hinzufügen. Die Kartoffelwürfel darin bei mittlerer Hitze rundum goldbraun braten.

3 Die Petersilie waschen, trocken schütteln, die Blätter abzupfen und fein hacken. Die Rosmarinkartoffeln mit Salz und Pfeffer würzen und mit der Petersilie bestreuen.

Für Kartoffeln à la espagnole geben Sie 500 g kleine festkochende Kartoffeln mit der Schale in leicht gesalzenes Wasser und garen sie etwa 20 Minuten. Dann 50 ml Kochwasser mit 1 kräftigen Prise Meersalz in eine Pfanne geben. Die Kartoffeln abgießen, hinzufügen und so lange köcheln lassen, bis das Wasser verdampft ist und sich kleine Salzkristalle um die Kartoffeln bilden.
Zu dem Fisch und dem Gemüse passen statt der Kartoffeln auch einige Scheiben geröstetes Weißbrot, die Sie vorher noch mit Knoblauch aromatisieren können.

Tischdekorationen

Festliche Stimmung mit wenig Aufwand

Wenn sich Familie und Freunde an der Festtafel treffen, möchte man dem natürlich einen stimmungsvollen Rahmen geben. Ein perfekt gedeckter Tisch ist für ein gelungenes Weihnachtsmenü fast schon die halbe Miete. Hier verraten wir unsere besten Deko-Tipps.

Stilvoll genießen im klassischen Look

Hier gibt Rot den Ton an – in Kombination mit selbst gemachtem grünem Tischschmuck, der garantiert nicht nadelt

Das brauchen Sie:
Styroporkegel (ca. 30 cm hoch) · grüne Lackfarbe · Pinsel · künstliches Girlandenband · Stecknadeln · Schere Geschenkband · kleine rote Weihnachtskugeln · Draht

1 Die Styroporkegel mit dunkelgrünem Lack grundieren und trocknen lassen. Das Girlandenband am unteren Rand mit einer Stecknadel fixieren und möglichst eng um den Kegel wickeln. Das Bandende ebenfalls mit einer Stecknadel feststecken.

2 Zur Verzierung ein Geschenkband von oben über Kreuz um die Kegel legen und mit Stecknadeln feststecken. Als Spitze jeweils eine Weihnachtskugel mit Draht befestigen.

Rotes Geschirr, passende Kerzen und eine rote Tischdecke, das brauchen Sie neben unseren Deko-Kegeln für diese Festtafel. Das Thema Tischdecke können Sie ganz entspannt angehen – es gibt hochwertige Papiertischdecken von der Rolle oder in verschiedenen Größen zu kaufen. Dann können lästige Fett- und Rotweinflecken garantiert nicht die Stimmung trüben.

Gold und Weiß – Tafeln in feinem Ambiente

Edles Porzellan duldet keine Konkurrenz – am besten kommt es auf schlichtem Weiß zur Geltung. Akzente setzt man mit kostbaren Highlights, die dafür sorgen, dass auch die Gäste glänzend aufgelegt sind

Bei dieser Tischdekoration steckt die Liebe im Detail: Verwenden Sie eine hochwertige weiße Papiertischdecke, die Sie dann ganz individuell mit Goldstift, Stempeln und Glitzerpulver veredeln. Sie können z.B. die Namen der Gäste bzw. frohe Weihnachtswünsche auf die Decke schreiben oder kleine Sterne aufmalen bzw. -stempeln. Als Blickfang in der Tischmitte eignet sich ein mit Pfeifenreinigern oder Goldband umwickelter Ast (also der mittlerweile geplünderte Adventskalender von S. 24), auf dem kleine Glitzervögel thronen. Statt Tischkärtchen kann man aus silbernen Pfeifenreinigern kunstvoll geschwungene Initialen formen. Und abgerundet wird die Deko, indem man Glitzerpulver auf die Decke streut und Silbernüsse (siehe S. 24) auf dem Tisch verteilt.

nachten

Merry

HELMUT
MONIKA
ICHLIBE EUCH

Weihnachten kommt immer so plötzlich

5 bis 4 Wochen vor Weihnachten

- Geschenkeliste schreiben und erste Geschenke besorgen
- Adventskalender selbst basteln (oder kaufen)
- Nikolausstiefel basteln und den süßen Inhalt kaufen
- Adventsdekoration (Girlanden und Kränze) basteln (oder kaufen)
- Lebkuchen backen
- Einen Teil der kulinarischen Geschenke herstellen (z. B. Christstollen backen, Rumtopf ansetzen)

3 Wochen vor Weihnachten

- Weihnachtskarten basteln (oder kaufen) und verschicken
- Geschenkpapier und Schleifen kaufen bzw. Geschenkkartons selbst machen
- Weihnachtsdekoration checken und Bastelutensilien besorgen
- Weitere Geschenke besorgen (und am besten immer gleich einpacken)
- Adventsbrunch planen und Gäste einladen
- Plätzchen backen und süßes Winterdorf basteln

Lassen Sie es dieses Jahr im Advent doch einmal etwas entspannter angehen. Mit unserem Weihnachts-Countdown haben Sie bestimmt alles gut im Griff und können das »Fest der Feste« so richtig genießen!

2 Wochen vor Weihnachten

- Geschenke, die verschickt werden, zur Post bringen
- Weihnachtsbaum aussuchen und Baumständer prüfen
- Weihnachtsbaumschmuck checken, Papiersterne basteln, neue Kugeln selbst machen (oder kaufen), Deko-Lebkuchen backen
- Weihnachts-Outfit aussuchen (muss noch was zur Reinigung?)
- Restliche kulinarische Geschenke zubereiten (z. B. Aprikosenöl, Feigenessig, Marmelade)
- Bei Glühwein, Punsch und Adventskaffee entspannen

1 Woche vor Weihnachten

- Tischwäsche und -dekoration prüfen und basteln (oder kaufen), Geschirr und Gläser für das Weihnachtsmenü kontrollieren
- Die letzten Geschenke besorgen und verpacken
- Weihnachtslieder und -gedichte üben
- Zutaten für das Menü einkaufen und alles, was sich dazu eignet, gleich vorbereiten
- Den Weihnachtsbaum schmücken

Vorlagen und Muster

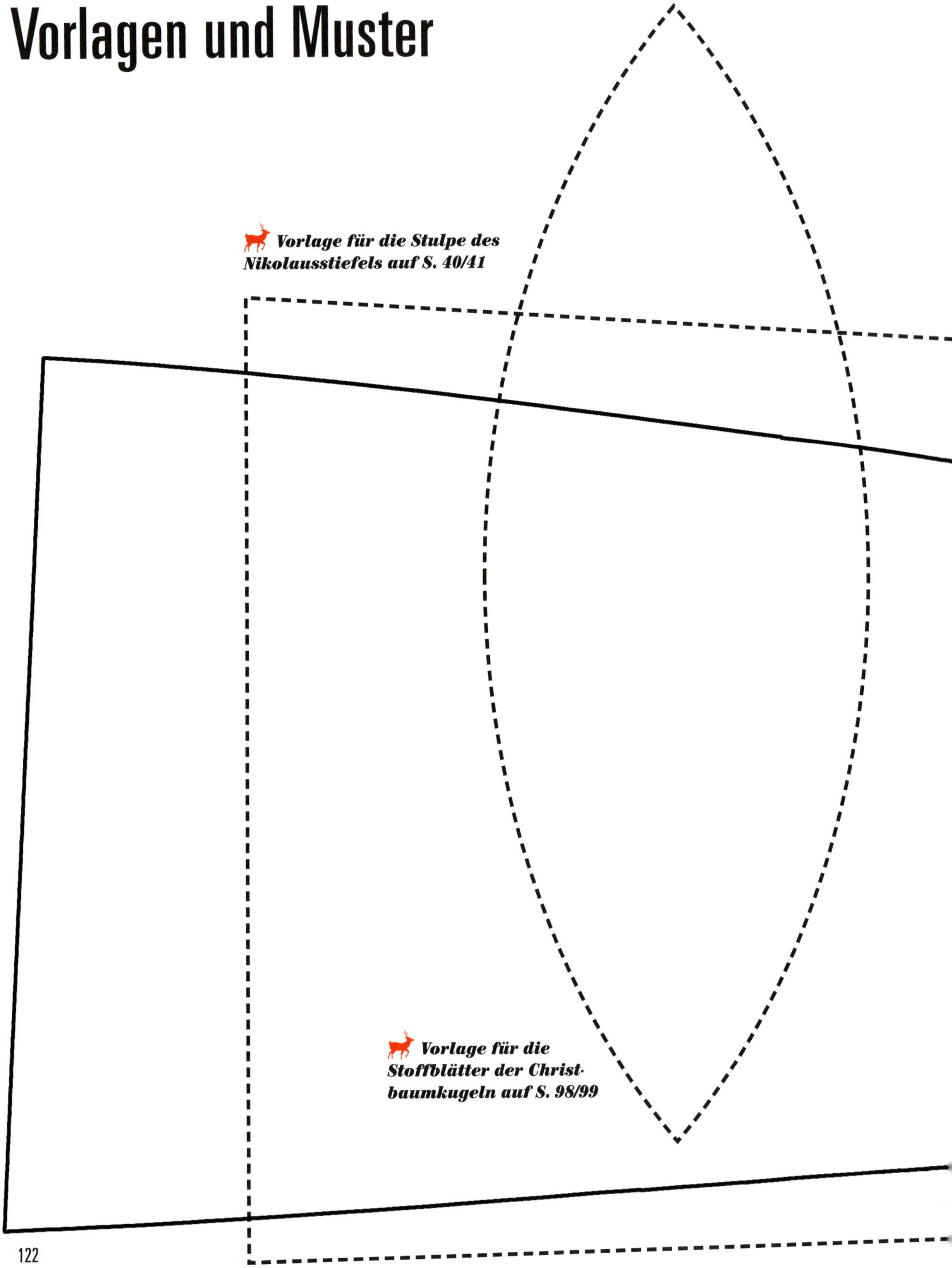

Vorlage für die Stulpe des Nikolausstiefels auf S. 40/41

Vorlage für die Stoffblätter der Christbaumkugeln auf S. 98/99

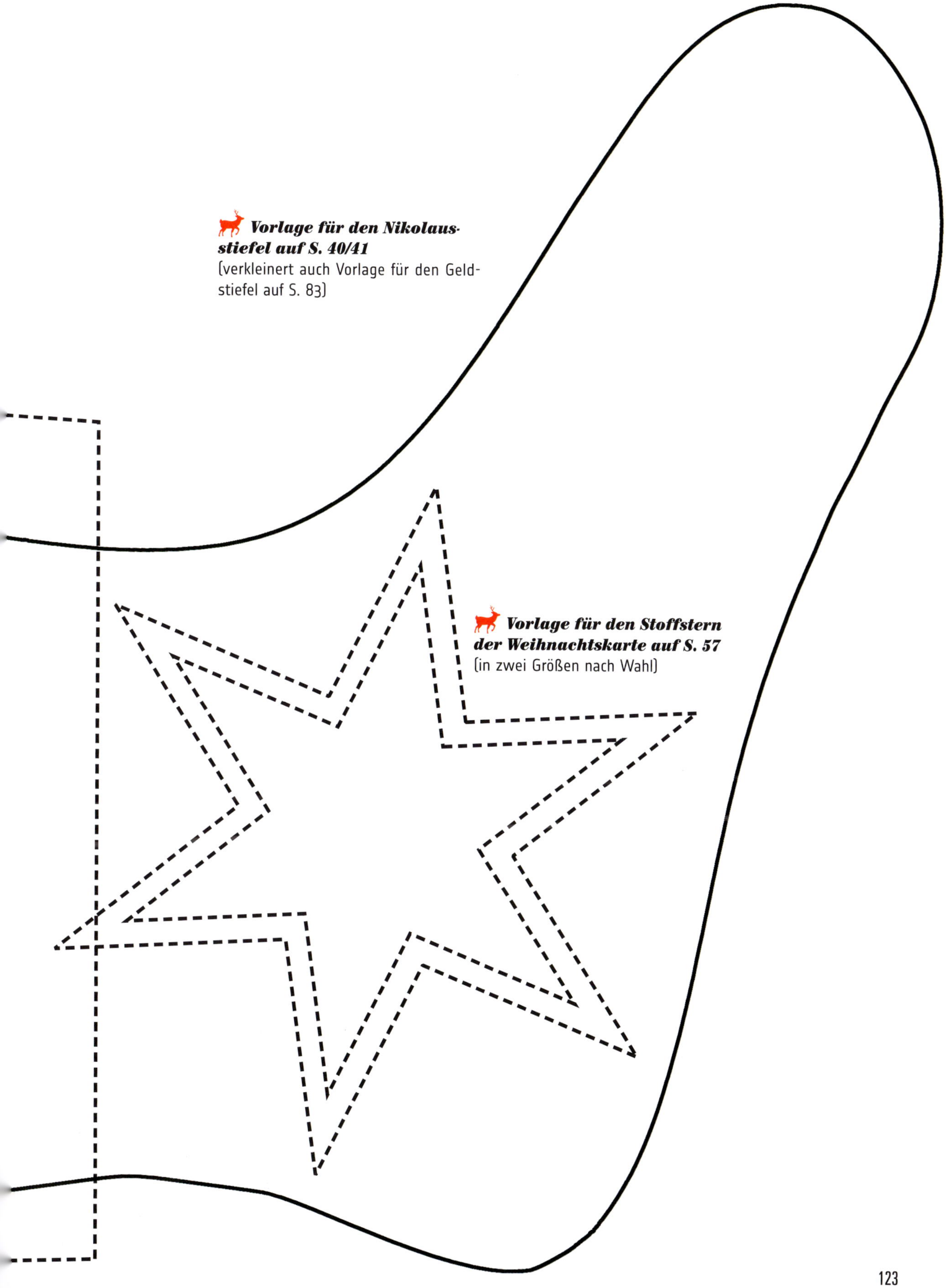

Vorlage für den Nikolausstiefel auf S. 40/41
(verkleinert auch Vorlage für den Geldstiefel auf S. 83)

Vorlage für den Stoffstern der Weihnachtskarte auf S. 57
(in zwei Größen nach Wahl)

Vorlage für die Nikolaus-Buttons auf S. 40/41 (die Buttons kann man auch bestellen unter: www.monikadrexel.de)

Vorlage für die Cookie-CD-Hülle auf S. 15 (zum Downloaden auch unter www.monikadrexel.de)

Vorlagen für die Scherenschnitte der Christbaumsterne auf S. 103

Register

Rezeptregister

Register

Herstellerverzeichnis

Adventskalender Säckchen Seite 20/21

Holzbuchstaben
Knorr Prandell (www.knorrprandell.com)

Adventskalender Tütchen Seite 22/23

Tüten und Klebezahlen
Kirsch Interior (www.kirsch-interior.de)
Stempel und Farbe
Heindesign (www.heindesign.de)

Zwetschgen-Chutney Seite 32

Wildgewürz
1001 Gewürze (www.1001gewuerze.com)

Filzstiefel Seite 40/41

Filzstoffe
Filze Daimer (zu beziehen über: Tel. 089/77 69 84 oder E-Mail: info@daimer-filze.de)
Nikolausbuttons (zu beziehen über: www.monikadrexel.de)

Glühwein und Mini-Gugelhupf Seiten 47 bzw. 77

Glühweingewürz
Ingo Holland (www.ingoholland.de)

Weihnachtspost Seite 54/57

Karten, Stempel und Stempelfarbe
Heindesign (www.heindesign.de)
Glitzerpulver
Meyco (www.meyercordt.de)

Adventskränze Seite 66/67

Kugeln und Glitzervögel
Krebs (www.krebs-christmas.at)
Bänder
Hacotex (www.hacotex.de)

Geschenke Seite 80 ff.

Papier
Artebene (zu beziehen über: www.ludwigbeck.de)
Bänder
Hacotex (www.hacotex.de) und
Mokuba (zu beziehen über: www.papierundstoffe.de)
Filzstoffe (siehe Filzstiefel)

Winterdorf Seite 94/95

Lebkuchen
Confiserie Burg Lauenstein (www.lauensteiner.de)

Weihnachtsbaum Seite 100/101

Kugeln
Krebs (www.krebs-christmas.at)

Tischdekoration rot Seite 116/117

Rotes Geschirr
Dibbern Serie »Solid Colour«
(zu beziehen über: www.kustermann.de)
Tischdecke und Servietten
Duni (im Papierfachhandel)
Gläser
Riedel (www.riedel.com)

Tischdekoration weiß Seite 118/119

Weißes Geschirr
Villeroy & Boch Serie »NewWave Premium Gold«
(zu beziehen über: www.kustermann.de)
Glitzervögel
Inge Glas (www.inge-glas.com)
Gläser
Riedel (www.riedel.com)
Tischdecke und Servietten
Duni (im Papierfachhandel)

Spritzbeutel, Ausstech- und Gugelhupfformen

zu beziehen über: www.tortissimo.de

Die Marmeladen, Chutneys und Co. von »Vēronique Witzigmann Buffet« erhalten Sie in ausgewählten Feinkostläden. Die Adressen der Geschäfte, Informationen über das Sortiment sowie die Kontaktdaten finden Sie auf der Homepage: www.veronique-witzigmann-buffet.de

Outfits Vēronique Witzigmann und Moni Drexel
Laurēl (www.laurel.de), Bogner (www.bogner.com)

Dieses Buch widme ich Jana und Helmut, meinem Glück
und sprudelnder Quelle der Inspiration. Ich liebe euch. (Monika Drexel)

Weihnachten lebt durch die Liebe, die »kleinen Rituale« und die Lieblingsrezepte, die es in jeder Familie gibt.
Dafür danke ich von Herzen meinen Eltern, meinem Bruder Max und meiner Tochter Marietta.
(Vēronique Witzigmann)

1. Auflage 2007
ISBN 978-3-89883-178-9

Konzept: Monika Drexel, Helmut Henkensiefken
Fotos: Finepic, Helmut Henkensiefken (www.finepic.de);
außer: Umschlag Vorderseite: StockFood/S. Eising unten rechts;
Umschlag Rückseite: StockFood/S. Eising oben; StockFood/S. Eising:
71, 107, 108; StockFood/FoodPhotogr. Eising: 51, 90, 111; StockFood/
I. Rozenbaum: 72; StockFood/M. Smend: 48 unten

Grafische Gestaltung: Zero, Werbeagentur
Texte: Monika Drexel (Deko und Basteln),
Vēronique Witzigmann (Rezepte)
Maske: Gabi Pachmayr
Redaktion: Alexandra Schlinz, Kathrin Ullerich
Herstellung: Karin Mayer, Peter Karg-Cordes
Lithografie: Christine Rühmer
Druck & Bindung: Italien

Besuchen Sie uns auch im Internet: www.zsverlag.de